प्रतियोगी परीक्षाओं के लिए

वैदिक गणित मेड ईजी

प्रतियोगी परीक्षाओं के लिए

वैदिक गणित मेड ईजी

सरलीकृत तरीके से फास्ट ट्रैक
कैल्कुलेशन्स की प्राचीन विधि को जानें

पंडित राम नन्दन शास्त्री

अरिहन्त पब्लिकेशन्स (इ) प्रा लि, मेरठ

अरिहन्त पब्लिकेशन्स (इ) प्रा लि, मेरठ

प्रशासनिक तथा प्रोडक्शन कार्यालय

व्यावसायिक कार्यालय – 4577/15, अग्रवाल रोड, दरिया गंज, नई दिल्ली-110002
फोन : 011-47630600, 23280316 ; **फैक्स** : 011-23280316

मुख्य कार्यालय – कालिन्दी, टी॰पी॰ नगर, मेरठ (यूपी)-250002
फोन : 0121-2401479, 2512970, 4004199 ; **फैक्स** : 0121-2401648
सभी प्रतिवाद का न्यायिक क्षेत्र 'मेरठ' होगा।

बिक्री एवं समर्थन कार्यालय

आगरा, बंगालुरू, भुवनेश्वर, दिल्ली (I & II), गुवाहाटी, हल्द्वानी, हैदराबाद, जयपुर, कोलकाता, कोटा, लखनऊ, नागपुर, मेरठ तथा पटना

ISBN

978-81-8348-625-5
PO No. : TXT-59-T071434-6-26

मूल्य : ₹ 110

टाइप सेट : अरिहन्त डीटीपी यूनिट, मेरठ

अरिहन्त पब्लिकेशन्स (इण्डिया) लिमिटेड द्वारा
भारत में मुद्रित एवं प्रकाशित

'अरिहन्त' के प्रोडक्ट्स के बारे में अधिक जानकारी के लिए हमारे वेबसाइट **www.arihantbooks.com** पर लॉग इन करें या **info@arihantbooks.com** पर सम्पर्क करें।

प्रस्तावना

वैदिक गणित, गणित की एक ऐसी प्राचीन पद्धति है, जो गणना के अनूठे किन्तु सामान्य नियमों एवं सिद्धान्तों पर आधारित है तथा जिसके माध्यम से अंकगणित, ज्यामिति, बीजगणित एवं त्रिकोणमिति के जटिल प्रश्नों को भी मौखिक रूप से एवं बहुत कम समय में हल किया जा सकता है या यूँ कह लीजिए कि गणित के जटिल प्रश्नों को वैदिक गणित के जरिए चुटकी बजाते ही हल किया जा सकता है। इस गणित में असीम विश्वास रखने वाले विदेशी विद्वान् क्लाइव मिड्लटन ने इसकी प्रशंसा करते हुए कहा है कि वैदिक गणित के सूत्र इस प्रकार हैं, जिस प्रकार मानव मस्तिष्क सामान्यतः कार्य करता है। यही कारण है कि यह छात्रों को प्रश्नों को हल करने की एक उचित एवं प्रत्यक्ष विधि सिखाता है, जिसके बाद गणित उनके लिए अत्यन्त रुचिकर एवं प्रिय विषय बन जाता है।

कड़ी प्रतिस्पर्द्धा के वर्तमान दौर में जब प्रश्नों को तीव्रता एवं शुद्धता से हल करने को सफलता की गारण्टी माना जाता है, वैदिक गणित, प्रतियोगी परीक्षाओं के अभ्यर्थियों के लिए शर्तिया सफलता प्रदान करने वाले किसी आश्चर्यजनक वरदान से कम नहीं है। केवल छात्रों एवं विभिन्न प्रतियोगी परीक्षाओं के अभ्यर्थियों के लिए ही नहीं, बल्कि इन्जीनियर, डॉक्टर, शिक्षक, कार्यकारी या व्यवसायी जैसे पेशेवरों के लिए भी वैदिक गणित अत्यन्त लाभप्रद है।

विभिन्न अध्यायों में विभाजित यह पुस्तक वैदिक गणित पर एक गहरे शोध एवं अनुसन्धान का अत्यन्त सफल एवं उत्कृष्ट परिणाम है, इसके सूत्र, यथासम्भव उत्तम अनुप्रयोग के साथ दिए गए हैं, जिन्हें प्रबुद्ध पाठकों के विभिन्न वर्गों एवं सीखने की उनकी भिन्न–भिन्न गति व क्षमता के दृष्टिकोण से वैज्ञानिक रूप से व्यवस्थित किया गया है। प्रत्येक अध्याय के अन्त में दो अभ्यास दिए गए हैं, जिनमें से पहले अभ्यास में उस अध्याय में वर्णित विषय–वस्तु पर आधारित प्रश्नों को उनके संकेत एवं हल सहित तथा दूसरे अभ्यास में विभिन्न प्रतियोगी एवं प्रबन्धन प्रवेश परीक्षाओं में पूछे जाने वाले प्रश्नों को हल सहित दिया गया है। इस पुस्तक की भाषा एवं नियमों व सिद्धान्तों को अभिव्यक्त करने का तरीका अत्यन्त सरल एवं सुबोध है। इस उद्देश्य को ध्यान में रखकर, पुस्तक को अत्यन्त आकर्षक एवं पर्याप्त पठनीय रूप में मुद्रित किया गया है।

अरिहन्त प्रतियोगी परीक्षाओं से सम्बन्धित पुस्तकों के प्रकाशन में एक ब्राण्ड बन चुका है, प्रकाशन के इसी अनुभव को इस पुस्तक में समाहित कर इसे प्रतियोगी परीक्षाओं के अभ्यर्थियों के लिए अत्यन्त लाभप्रद बनाने का एक सार्थक प्रयास किया गया है।

हम अपने प्रबुद्ध पाठकों से महत्तवपूर्ण सुझाव एवं निर्देश की अपेक्षा रखते हैं, ताकि अगले संस्करणों में आवश्यक सुधार कर इस पुस्तक को और भी लाभप्रद एवं उपयोगी बनाया जा सके।

वाराणसी, 2011

पंडित राम नन्दन शास्त्री

विषय-सूची

वैदिक गणित क्या है?

वैदिक काल में जन्मी परन्तु शताब्दियों के मलबे में दफन, गणना की इस असाधारण प्रणाली को बीसवीं शताब्दी की शुरुआत में समझा या कूट वाचित किया गया। उस समय, विशेषतः यूरोपीय देशों में, संस्कृत पाठ्य-वस्तुओं के प्रति अधिक रुचि थी। इन पाठ्य-वस्तुओं को गणित के सूत्र कहा गया। इन सूत्रों में गणितीय सूत्र विद्यमान थे, जिन्हें नकार दिया गया क्योंकि कोई भी इन सूत्रों में गणित को नहीं खोज सका।

वैदिक गणित क्या है ?

वैदिक गणित' गणित की प्राचीन प्रणाली को दिया गया एक नाम है या और स्पष्ट करने के लिए, ''सामान्य नियमों एवं सिद्धान्तों पर आधारित गणना की एक अद्वितीय प्रविधि है जिसके द्वारा किसी भी प्रकार की गणितीय समस्या (भले ही वह अंकगणित, बीजगणित, ज्यामिति या त्रिकोणमिति आदि से सम्बन्धित हो) को मौखिक रूप से हल किया जा सकता है।'' कुछ लोग आश्चर्य कर सकते हैं कि इसको वैदिक क्यों कहा जाता है। बिल्कुल उस प्रकार, जिस प्रकार हिन्दुत्व के आधारभूत सिद्धान्त वेदों में विद्यमान हैं, उसी प्रकार गणित की जड़ें भी वेदों में स्थित हैं। वेद आज से 1500-900 ईसा पूर्व लिपिबद्ध किए गए थे। इन प्राचीन भारतीय पाठ्य-वस्तुओं में मानव अनुभव और ज्ञान का लिपिबद्ध विवरण समावेशित है।

हजारों वर्ष पूर्व वैदिक गणितज्ञों ने गणित विषय पर अनेक शोध पत्रों और औपचारिक वार्तालाप का संकलन किया। अब यह व्यापक रूप से स्वीकार कर लिया गया है कि इन लेखों ने ही बीजगणित, लघुगणक, वर्गमूल, घनमूल, गणना की विभिन्न विधियों तथा शून्य की परिकल्पना की नींव रखी थी।

यह प्रणाली सोलह वैदिक सूत्रों या सूक्तियों पर आधारित है। ये वास्तव में शब्द-सूत्र हैं, जो सभी प्रकार की गणितीय समस्याओं को हल करने की सामान्य विधियों का वर्णन करते हैं। ये सोलह एक-पंक्ति सूत्र मूल रूप से संस्कृत भाषा में लिखे गए हैं। ये सरलता से कण्ठस्थ हो जाते हैं और किसी को भी बड़ी-से-बड़ी गणितीय समस्या को शीघ्रता से हल करने में सक्षम कर देते हैं।

भारती कृष्णतीर्थ जी और वैदिक गणित

श्री भारती कृष्णतीर्थ जी

वैदिक गणित का पुनरुज्जीवन किसी चमत्कार से कम नहीं है। धार्मिक पाठ्य-वस्तुओं से प्रमेयों तथा अनुमितियों के उद्धरण के लिए न केवल धार्मिक ग्रन्थों की जानकारी, बल्कि वास्तविक चतुर बुद्धि की आवश्यकता होती है।

प्राचीन धार्मिक ग्रन्थों से वैदिक गणित की पुनर्खोज (1911 से 1918 के मध्य) का श्रेय एक संस्कृत, गणित, इतिहास और दर्शनशास्त्र के विद्वान् **श्री भारती कृष्णतीर्थ जी** (1884-1960) को जाता है। इन्होंने प्राचीन पाठ्य-वस्तुओं का वर्षों तक अध्ययन किया तथा सतर्क अन्वेषण के पश्चात् गणित की उन शृंखलाओं का पुनर्निमाण करने में सफल हुए, जो सूत्र कहलाए।

भारती कृष्णतीर्थ जी, जोकि पुरी पीठ के भूतपूर्व शंकराचार्य भी थे, ने प्राचीन पाठ्य-वस्तुओं का गहन अध्ययन किया तथा **'वैदिक गणित'** (1965) नामक स्वयं की सबसे पहली कृति में इस प्रणाली की प्रविधियाँ निर्धारित कीं। इस कृति को वैदिक गणित के सन्दर्भ में किए गए सभी कार्यों का आरम्भ-बिन्दु माना जाता है। यह कहा जाता है कि भारती कृष्णतीर्थ जी की कृति के मूल सोलह खण्ड, जिनमें वैदिक तन्त्र की व्याख्या की गई थी, खो गए थे। अपने जीवन काल के अन्तिम वर्षों में उन्होंने एक एकल खण्ड की रचना की, जो उनकी मृत्यु के पाँच वर्ष पश्चात् प्रकाशित हुआ।

वैदिक गणित का विकास

1960 के दशक के अन्त में, जब वैदिक गणित नामक इस पुस्तक की प्रतिलिपि लन्दन पहुँची, तब गणित की इस नई वैकल्पिक प्रणाली की सभी के द्वारा प्रशंसा की गई। **कैनेथ विलियम्स**, **एण्ड्रयू निकोलस** तथा **जेरेमी पिकल्स** जैसे ब्रिटिश गणितज्ञों नें भी इस नई प्रणाली में रुचि दिखाई। इन सभी ने मिलकर भारती कृष्ण जी की इस पुस्तक की आरम्भिक सामग्री का विस्तार किया तथा लन्दन में इस पर कई व्याख्यान दिए। 1981 में, इन व्याख्यानों को एकत्रित किया गया जो कि '**इण्ट्रोडक्टरी लेक्चर्स ऑन वैदिक मैथेमैटिक्स**' नामक पुस्तक के रूप में सामने आई। 1981 व 1987 के मध्य में एण्ड्रयू निकोलस ने भारत की कई सफल यात्राएँ कीं जिससे वैदिक गणित में रुचि पुनः जाग्रत हुई तथा भारत में विद्वानों तथा शिक्षकों ने इसको गम्भीरता से लेना प्रारम्भ किया।

ये सूत्र (सूक्ति) गणित की सभी शाखाओं (अंकगणित, बीजगणित, ज्यामिति—समतल एवं ठोस, त्रिकोणमिति—समतल एवं गोलीय, शंकु विषयक—ज्यामितीय एवं विश्लेषणात्मक, खगोलिकी, कैलकुलस—अवकलन एवं समाकलन आदि सहित) के प्रत्येक अध्याय और प्रत्येक अध्याय के प्रत्येक भाग में उनका उपयोग किया गया है। गणित का कोई भी भाग इसके अधिकार क्षेत्र से परे नहीं है। ये सूत्र समझने, कण्ठस्थ करने तथा उपयोग में लाने में बहुत सरल हैं।

यह सम्पूर्ण कार्य एक शब्द 'मानसिक' से सत्यनिष्ठापूर्वक संक्षेपित किया जा सकता है।

डॉ० एल.एम. सिंघवी (यूनाइटेड किंगडम में भारत के भूतपूर्व उच्चायुक्त) भी इस प्रणाली के अति-उत्सुक समर्थक हैं। इनके अनुसार, ''सामान्यतः एकल सूत्र ही विशेष कार्यों के एक-दूसरे से भिन्न व विस्तृत मात्रा के समाधान के लिए पर्याप्त होगा तथा सम्भवतः आज के कम्प्यूटर युग में यह किसी भी योजनाबद्ध चिप के समतुल्य है।''

वैदिक गणित के एक अन्य अति अनुरागी **क्लाइव मिडिलटन** का विचार है कि ''ये सूत्र मस्तिष्क के प्राकृतिक रूप से कार्य करने की विधि को समझाते हैं, जिस कारणवश ये सूत्र विद्यार्थी को उत्तर देने की उचित विधि स्पष्ट करने में मददगार साबित होते हैं।''

उप–सूत्र

श्री भारती कृष्णतीर्थ जी ने इन सोलह सूत्रों के साथ-साथ तेरह उप-सूत्रों को भी सूचीबद्ध किया है। उदाहरण के लिए, **समानुपातिकता द्वारा**, **एकान्तर बहिष्करण एवं अवधारण द्वारा** तथा **प्रेक्षण-क्षमता द्वारा** उनमें से तीन उप-सूत्र हैं। सोलह सूत्रों में से दो (**पहले एक से एक अधिक द्वारा** तथा **जोड़ व घटाव द्वारा**) सूत्रों को भी उप-सूत्र कहा गया है। तथापि यह माना जाता है कि सही रूप से इन सूत्रों की संख्या सोलह है परन्तु उप-सूत्रों की संख्या निश्चित नहीं है।

वैदिक गणित में बढ़ती रुचि

कुछ वर्षों पहले, कुछ यूरोपीय देशों के स्कूलों में वैदिक गणित का अध्ययन प्रयोगात्मक स्तर पर शुरू किया गया है। आज यह असाधारण प्रणाली भारत व विदेशों के कई स्कूलों तथा शिक्षण संस्थानों में पढ़ाई जा रही है तथा एम.बी.ए. व अर्थशास्त्र के विद्यार्थी भी इसमें पर्याप्त रुचि दिखा रहे हैं। वैदिक गणित की रुचि उन गणित के विद्यार्थियों में बढ़ रही है, जो इस विषय के नए तथा बेहतर दृष्टिकोण की खोज में रहते हैं। ऐसा भी कहा जा रहा है कि **भारतीय तकनीकी संस्थान** (आई.आई.टी.) के विद्यार्थी भी इस प्राचीन तकनीक का उपयोग तेज गणनाओं के लिए कर रहे हैं। डॉ॰ मुरली मनोहर जोशी (भूतपूर्व केन्द्रीय विज्ञान एवं प्रौद्योगिकी मन्त्री) द्वारा दिल्ली स्थित भारतीय तकनीकी संस्थान के दीक्षान्त समारोह के दौरान अपने भाषण में वैदिक गणित की महत्ता पर बल देना कोई आश्चर्य की बात नहीं है। गणित के क्षेत्र में भारतवर्ष के योगदान के बारे में बताते हुए उन्होंने **आर्य भट्ट** (इन्होंने बीजगणित की नींव रखी), **बोधायन** (एक महान ज्यामितिविद्) तथा **मेधातिथि** व **मध्यातिथि** (जिन्होंने संख्याओं के प्रतीक चिन्हों का आधारभूत ढाँचा अभिव्यक्त किया) के बारे में भी बताया। बच्चों पर वैदिक गणित पढ़ाने के प्रभाव जैसे कई क्षेत्रों में अनुसन्धान किए जा रहे हैं। कम्प्यूटर के प्रयोग, कैलकुलस तथा ज्यामिति में वैदिक सूत्रों के अधिक प्रभावशाली व सरल उपयोग के लिए बहुत अधिक मात्रा में अनुसन्धान किए जा रहे हैं।

वैदिक गणित
(बार–बार पूछे जानेवाले कुछ प्रश्न)

प्रश्न. क्या वैदिक गणित का प्रयोग उच्च कक्षाओं के विद्यार्थियों द्वारा जटिल गणितीय सूत्रों को याद करने की क्रिया को सरल बनाने के लिए किया जा सकता है ?

उत्तर. जी हाँ, वैदिक गणित द्वारा द्विघातीय समीकरण, सहकालिक समीकरण, त्रिकोणमिति, कैलकुलस आदि के मूल सिद्धान्तों को सुबोध एवं सरल बनाया जा सकता है।

प्रश्न. वैदिक गणित का ज्ञान विद्यार्थी की त्रुटियों को कम करने में किस प्रकार सहायक है ?

उत्तर. वैदिक गणित के एक-पंक्ति मानसिक सूत्र जाँच की शृंखला के एक अन्तः निर्मित तन्त्र की तरह होते हैं। विद्यार्थी के गलती करने की सम्भावना नहीं होती है। वैदिक गणित में असफलता जैसा कोई विकल्प नहीं है। यह विद्यार्थियों के आत्मविश्वास को बढ़ाता है जिससे वे सफल होते हैं तथा इससे उनकी सही सामर्थ्य सामने आती है।

प्रश्न. वैदिक गणित किनके लिए हितकारी है ?

उत्तर. वैदिक गणित विद्यार्थियों, प्रतियोगी परीक्षाओं के अभ्यर्थियों, इन्जीनियरों, पेशेवरों, शिक्षकों, कार्यकारी अधिकारियों तथा व्यापारियों के लिए हितकारी हो सकता है। यह सॉफ्टवेयर डेवलपर्स की कोडिंग एवं प्रोग्रामिंग में सहायता कर सकता है क्योंकि यह गणित की सामान्य प्रणाली के मुकाबले अधिक वैज्ञानिक होता है।

प्रश्न. कुछ समालोचक यह सोचते हैं कि इन सूत्रों के प्रयोग से अंकगणित गतिवान होता है जोकि कम्प्यूटर या कैल्कुलेटर में देखा जा सकता है। यह किसी-न-किसी प्रकार से इसके ज्ञान को आधुनिक विश्व से वस्तुतः असम्बद्ध कर रहा है।

उत्तर. कुछ वर्ष पूर्व अमेरिका के एक विश्वविद्यालय द्वारा किए गए अध्ययन के अनुसार, बीस वर्ष से भी अधिक समय से हो रहे कैल्कुलेटर के निरन्तर उपयोग से लोगों के मस्तिष्क का सही अर्थों में क्षय हो रहा है। हम सब कई ऐसे दुकानदारों से मिले जो 10 + 5 ज्ञात करने के लिए कैल्कुलेटर का प्रयोग करते हैं। क्या यह आपको मूर्खतापूर्ण नहीं लगता है ?

हमारा मस्तिष्क एक पेशी है। जिस प्रकार शरीर को स्वस्थ रखने के लिए व्यायाम की आवश्यकता होती है, उसी प्रकार मस्तिष्क के व्यायाम की भी आवश्यकता होती है। वैदिक गणित के द्वारा आप अपने मस्तिष्क के दोनों भागों—दाएँ एवं बाएँ—का उपयोग कर सकते हैं, जिससे आप वृद्धावस्था जिसमें मस्तिष्क की कार्यक्षमता कम हो जाती है, में भी चंचलता बनाए रख सकते हैं।

इसके अलावा मैं यह कहना चाहता हूँ कि कुछ कैल्कुलेटर भी त्रुटियों के प्रति उन्मुख होते हैं। आप अपने कैल्कुलेटर पर 2 + 3 × 4 का उत्तर जानिए। यदि आपका कैल्कुलेटर उत्तर 14 नहीं बल्कि 20 दिखाता है, तो यह गलत है। कोई अनुमान है, ऐसा क्यों है ?

प्रतियोगी परीक्षाओं की तैयारी कर रहे विद्यार्थियों के लिए वैदिक गणित किस प्रकार हितकारी है ?

वैदिक गणित उन विद्यार्थियों के लिए एक लाभदायक साधन के रूप में उभरकर सामने आ रहा है जो विद्यार्थी SAT, ISAT, CAT, MAT, XAT, GRE तथा इन्जीनियरिंग प्रवेश परीक्षाओं की तैयारी में लगे हैं। इन परीक्षाओं में गति एवं सटीकता महत्त्वपूर्ण एवं निर्णायक भूमिका निभाती हैं।

प्राचीन वेद 'अथर्ववेद' पर आधारित मानसिक गणनाओं की प्रणाली 'वैदिक गणित' अंकगणित की गणनाओं को तेज कर देती है तथा कैलकुलस व रेखीय बीजगणित जैसे उन्नत गणित में भी इसका व्यावहारिक रूप से उपयोग हो रहा है। गणनाएँ मानसिक रूप से की जाती हैं, विद्यार्थी अपने तरीके से गणनाएँ कर सकते हैं। इसकी कोई 'शुद्ध' विधि नहीं है।

विम्बलडन टेनिस चैम्पियनशिप में पहले दौर में 64, दूसरे में 32 तथा क्वार्टर फाइनल, सेमी फाइनल तथा फाइनल मुकाबले में इसी क्रम से मैच खेले जाते हैं।
क्या आप उपरोक्त तथ्य के आधार पर ज्ञात कर सकते हैं कि पूरी प्रतियोगिता में कितने मैच खेले जाते हैं ?

परम्परागत तरीके से, हम कुल मैचों की संख्या को जोड़कर (यथा 64 + 32 + 16 + 8 + 4 + 2 + 1 = 127) इसका उत्तर ज्ञात कर सकते हैं।

वैदिक तरीका—हम जानते हैं कि कुल 128 खिलाड़ी (64 × 2) हैं तथा केवल एक खिलाड़ी इस प्रतियोगिता को जीतेगा। इसका अर्थ है कि 127 खिलाड़ी हारेंगे तथा प्रत्येक खिलाड़ी को इसके लिए एक मैच खेलना पड़ेगा, इस प्रकार कुल 127 मैच पूरी प्रतियोगिता में होंगे।

वैदिक गणित चार आधारीय गणितीय क्रियाओं (जोड़, घटाव, गुणा तथा भाग) को सरल करता है। यह परीक्षा में गणित की समस्याओं को हल करने में लगने वाले समय को घटाता है।

उदाहरण के लिए, हमें 86 व 98 को गुणा करना है

परम्परागत तरीके से

$$\begin{array}{r} 86 \\ \times 98 \\ \hline 688 \\ 774 \\ \hline 8428 \\ \hline \end{array}$$

परन्तु वैदिक तरीके से हम इसे आसानी से हल कर सकते हैं। इसमें दोनों संख्याओं को किसी आधार संख्या (यहाँ पर आधार संख्या 100 है) से घटाते हैं (100 – 86 = 14 तथा 100 – 98 = 02)

$$\begin{array}{c} 86 - 14 \\ 98 - 02 \\ \hline 84 / 28 \end{array}$$

उत्तर–8428

यह उत्तर दो भागों में प्राप्त होता है। इस चिह्न (/) का प्रयोग दोनों भागों को पृथक् करने के लिए किया गया है।

पहला भाग प्राप्त करने के लिए, विपरीत घटाव करें (या तो 86 – 2 = 84 या 98 – 14 = 84)।

दूसरे भाग को ज्ञात करने के लिए आधार संख्या घटाई गई संख्याओं को गुणा कर देते हैं।

14 × 2 = 28

यह संख्या (28) उत्तर का दूसरा भाग है।

इसलिए उत्तर 8428 है।

सन् 1958 में पासाडेना, कैलिफॉर्निया (संयुक्त राज्य अमेरिका) स्थित एक प्रौद्योगिकी संस्थान में एक वार्ता के दौरान श्री भारती कृष्णतीर्थ जी ने कहा था, ''जिन लोगों को इन सूत्रों का व्यावहारिक ज्ञान है उन्हें इनके सैद्धान्तिक पक्ष के ज्ञान की आवश्यकता नहीं है।'' यह मनोहारी समालोचना उन लोगों में स्पष्ट विभेद करती है, जो गणित को केवल सूत्रों के उपयोग द्वारा करना सीखते हैं और जो साथ ही उसके सैद्धान्तिक पक्ष को भी याद करते हैं। ऐसे बहुत से लोग हैं जो काम को सिर्फ करना चाहते हैं तथा ऐसे भी हैं जो काम को विस्तार से समझाना चाहते हैं। जो कोई भी इस वैदिक प्रणाली से परिचित है वह यह जानता है कि यह गणित की परम्परागत प्रणाली से अधिक पूर्ण, अधिक सक्षम व फलसाधक प्रणाली है। यह मस्तिष्क की चपलता एवं लचीलेपन को बढ़ाती है तथा विद्यार्थी की सृजन क्षमता, जो सभी विद्यार्थियों में होती है, को प्रोत्साहित करती है। किन्तु इन सूत्रों को पूरी तरह से स्थापित करने के लिए अभी आगे काफी अनुसन्धानों की आवश्यकता है।

यह संख्याओं के वर्ग एवं घन ज्ञात करने का एक लाभदायक साधन है। वैदिक गणित में पाँच से खत्म होने वाली संख्याओं का वर्ग ज्ञात करने का एक अद्वितीय तरीका है।

इस प्रकार के साधन अपूर्ण भिन्न बनाने की प्रक्रिया को तीव्र करेंगे।

वैदिक गणित द्वारा केवल चार आधारीय गणितीय क्रियाओं को ही नहीं बल्कि कैलकुलस, समीकरणों के सिद्धान्त, ज्यामिति आदि की समस्याओं को भी सरल किया जा सकता है। इसलिए प्रतियोगी परीक्षा में सम्मिलित हो रहे विद्यार्थियों के लिए यह एक अनिवार्य तत्त्व है। अन्तिम विश्लेषण में हम यह देख सकते हैं कि प्रतियोगी परीक्षाओं में वे विद्यार्थी ही विफल होते हैं जिनका समय प्रबन्धन (time management) सही नहीं होता है। जीत का समाचार सुनने, कल को जीतने तथा वर्तमान एवं भविष्य की कठिन परीक्षाओं में अपनी उपस्थिति दर्ज करने के लिए, हम वैदिक गणित के रूप में एक अच्छा साथी पा सकते हैं।

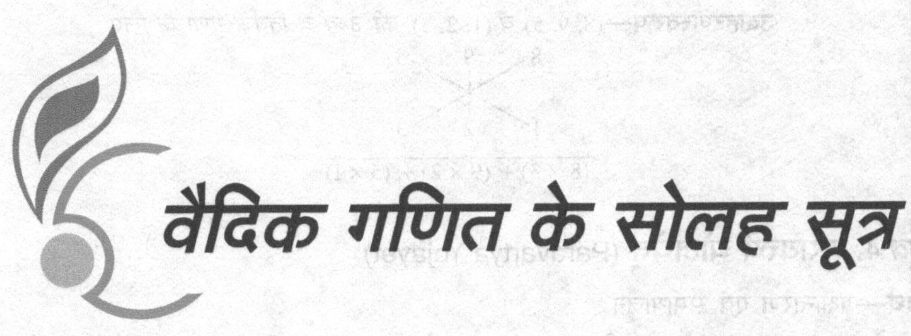

सूत्र 1. एकाधिकेन पूर्वेण (Ekadhikena Purvena)

अर्थ—पहले से एक ज्यादा

उपयोग—इस सूत्र का उपयोग दी गई संख्या से अगली संख्या को प्राप्त करने में किया जाता है।

> **उदाहरणस्वरूप**—*96 से अगली संख्या प्राप्त करने के लिए 96 में एक जोड़ते है, अत: अगली संख्या* = 96 + 1 = 97

सूत्र 2. निखिलं नवतश्चरमं दशतः (Nikhilam Navatas'caramam Dasatah)

अर्थ—आखिरी 10 से, बाकी 9 से

उपयोग—इस सूत्र का उपयोग क्रियात्मक आधार से पूरक ज्ञात करने में किया जाता है।

> **उदाहरणस्वरूप**—*क्रियात्मक आधार* 10000 *से संख्या* 1369 *का पूरक ज्ञात करने के लिए* 1, 3 *व* 6 *को* 9 *में से तथा शेष अन्तिम संख्या* 9 *को* 10 *में से घटाते हैं।*
>
> $$9 - 1 = 8, 9 - 3 = 6, 9 - 6 = 3, 10 - 9 = 1$$
>
> अत: अभीष्ट संख्या = 8631
>
> *यदि संख्या शून्य से समाप्त होती है, तो पहले अशून्य अंक को अन्तिम अंक लेते हैं तथा अन्त में अन्तिम शून्य लिख देते हैं।*
>
> **उदाहरणस्वरूप**—4700 *का पूरक ज्ञात करने के लिए,* 47 *लेकर* 9 *में से* 4 *तथा* 10 *में से* 7 *को घटाते हैं।*
>
> *अत:* $9 - 4 = 5$

तथा $10 - 7 = 3$

अतः 53

$\Rightarrow$ 4700 *का पूरक* 5300 *है।*

सूत्र 3. उर्ध्वातिर्यगभ्याम् (Urdhva Tiryagbhbhyam)

अर्थ—उर्ध्व व तिर्यक

उपयोग—इस सूत्र का उपयोग संख्याओं की उर्ध्व व तिर्यक गुणा करने में करते हैं।

उदाहरणस्वरूप—(8, 9, 5) *व* (1, 2, 3) *की उर्ध्व व तिर्यक गुणा के लिए*

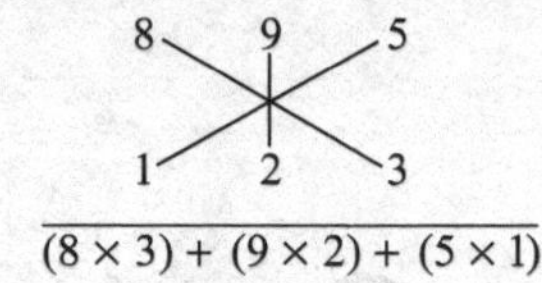

$(8 \times 3) + (9 \times 2) + (5 \times 1)$

सूत्र 4. परावर्त्त्य योजयेत् (Paravartya Yojayet)

अर्थ—पक्षान्तरण एवं समायोजन

उपयोग—इस सूत्र का उपयोग क्रियात्मक आधार से पूरक तथा अधिकाय ज्ञात करने में करते हैं।

अधिकाय = संख्या – आधार

पूरक = आधार – संख्या

उदाहरणस्वरूप—112 *का पिछले क्रियात्मक आधार से अधिकाय तथा पूरक ज्ञात कीजिए।*
चूँकि 112 *के लिए क्रियात्मक आधार* 100 *है।*

$\therefore$ *अधिकाय* $= 112 - 100 = 12$

तथा *पूरक* $= 100 - 112 = -12$

सूत्र 5. शून्यं साम्यसमुच्चये (Shunyam Samyasamuchchaya)

अर्थ—जब कोई व्यंजक समान है, तो वह व्यंजक शून्य है।

उपयोग—इस सूत्र का उपयोग उस संख्या को ज्ञात करने में किया जाता है, जो सभी में उभयनिष्ठ हो वह शून्य के बराबर होगा। इस सूत्र को निम्न प्रकार से उपयोग किया जा सकता है

(i) यदि किसी समीकरण में कोई पद उभयनिष्ठ है, वह पद शून्य के बराबर होगा।

उदाहरणस्वरूप—$7(x + 6) + 2(x + 6)(x - 2) + (x + 6)(x - 1) = 0$

यहाँ $(x + 6)$ *सभी पदों में उभयनिष्ठ है। अतः*

$$x + 6 = 0$$

(ii) यदि एक समीकरण में स्वतन्त्र चरों का गुणनफल समान हो, तब चर का मान शून्य होता है।

उदाहरणस्वरूप—$(y + 3)(y + 6) = (y + 2)(y + 9)$

$\because$ $3 \times 6 = 2 \times 9$

$\therefore$ $y = 0$

(iii) यदि दो भिन्नों के अंश समान हो, तब दोनों हरों का योग शून्य के बराबर होता है।

उदाहरणस्वरूप—$\frac{7}{6x+1} + \frac{7}{2x-1} = 0$ *में दोनों भिन्नों के अंश समान है, तब हरों का योग शून्य के बराबर होगा।*

$$\therefore \quad 6x + 1 + 2x - 1 = 0$$

$$\Rightarrow \quad x = 0$$

(iv) यदि एक समीकरण में भिन्नों के अंश व हर का योग समान हो, तब वह योग शून्य के बराबर होता है।

उदाहरणस्वरूप— $\frac{6x+3}{5x+2} = \frac{5x+2}{6x+3}$ *में*

अंशों का योग $= 6x + 3 + 5x + 2$

$=$ *हरों का योग*

$$\therefore \quad (6x + 3) + (5x + 2) = 0$$

(v) यदि दो व्यंजक समान हों, तो पहले में से दूसरे व्यंजक को घटाने पर परिणामी शून्य प्राप्त होता है।

उदाहरणस्वरूप—$(a + b)^3$ व $a^3 + b^3 + 3ab(a + b)$ *समान व्यंजक है।*

$$\therefore \quad (a + b)^3 - \{a^3 + b^3 + 3ab(a + b)\} = 0$$

सूत्र 6. आन्यरूप्ये शून्यंअन्यत् (Anurupye Sunyamanyat)

अर्थ—यदि एक अनुपात में है, तो दूसरा शून्य होगा।

उपयोग—इस सूत्र का उपयोग एक समीकरण निकाय (युग्पत समीकरण) में एक चर का मान ज्ञात करने में किया जाता है जिसमें दूसरे चर के गुणांकों का अनुपात अचर पदों के अनुपात के बराबर होता है। अभीष्ट चर का मान शून्य होता है।

उदाहरणस्वरूप—*समीकरण निकाय*

$$12x + 78y = 24$$

$$16x + 76y = 32$$

में चर x के गुणांकों का अनुपात अचर पदों के अनुपात के बराबर होता है अर्थात्

$$12 : 16 :: 24 : 32$$

अतः दूसरे चर y का मान शून्य है।

सूत्र 7. संकलन व्यकलाभ्याम् (Sankalana Vyavakalanabhyam)

अर्थ—जोड़ना व घटाना

उपयोग—इस सूत्र का उपयोग युग्पत समीकरण में चरों का मान ज्ञात करने में करते हैं। इन युग्पत समीकरणों में चरों के गुणांक विनिमेय होते हैं।

उदाहरणस्वरूप—*युग्पत समीकरण निकाय निम्न हैं—*

$$45x - 23y = 113 \quad ...(i)$$

तथा $$23x - 45y = 91 \quad ...(ii)$$

चरों के गुणांक विनिमेय हैं। इन समीकरणों को जोड़कर व घटाकर चरों का मान प्राप्त किया जा सकता है।

समी (i) व (ii) को जोड़ने पर,

$$x - y = 3 \quad \text{...(iii)}$$

तथा समी (ii) को समी (i) में से घटाने पर,

$$x + y = 1 \quad \text{...(iv)}$$

समी (iii) व (iv) को हल करने पर,

$$x = 2 \quad \text{तथा} \quad y = -1$$

सूत्र 8. पूरणा पूरणाभ्यां (Purana Puranabhyam)

अर्थ—पूर्णता व अपूर्णता से,

उपयोग—इस सूत्र का उपयोग एक समीकरण को पूर्ण वर्ग या पूर्णघन बनाकर चर का मान ज्ञात करने में किया जाता है।

उदाहरणस्वरूप—

(i) यदि $x + y = 10$ व $xy = 9$ हो, तो $(x - y)$ का मान ज्ञात कीजिए $(x - y)$ को पूर्ण वर्ग बनाने पर,

$$(x - y)^2 = (x + y)^2 - 4xy$$

$$= 10^2 - 4 \times 9$$

$$= 100 - 36 = 64$$

$$\Rightarrow \quad x - y = \pm 8$$

(ii) $x^3 + 6x^2 + 11x + 6$ में x का मान ज्ञात कीजिए

चूँकि $\quad x^3 + 6x^2 + 12x + 8 = (x + 2)^2$

$$\therefore \quad x^3 + 6x^2 + 11x + 6 + x + 2 = x + 2$$

$$\Rightarrow \quad x^3 + 6x^2 + 12x + 8 = (x + 2)$$

$$\Rightarrow \quad (x + 2)^3 = (x + 2)$$

$$\Rightarrow \quad (x + 2)^3 - (x + 2) = 0$$

$$\Rightarrow \quad x + 2 = 0, (x + 2)^2 = 1$$

$$\Rightarrow \quad x = -2, x + 2 = \pm 1$$

$$\Rightarrow \quad x = -2, -1, -3$$

सूत्र 9. चलनकलनाभ्याम् (Chalana Kalanabhyam)

अर्थ—अवकलन (Differential Calculus)

उपयोग—इस सूत्र का उपयोग निम्न दो दशाओं में किया जाता है

(i) द्विघात के मूल ज्ञात करने के लिए

(ii) 3, 4 व 5 की कोटि के व्यंजकों के गुणनखण्ड करने के लिए

इस सूत्र का उपयुक्त उपयोग ''अवककलन तथा गुणनखण्ड'' अध्याय में पढ़ेंगे।

सूत्र 10. यावदूनम (Yavadunam)

अर्थ—जो भी पूरक हो
उपयोग—इस सूत्र का उपयोग निम्न दो दशाओं में किया जाता है

(i) निकटतम क्रियात्मक आधार से पूरक ज्ञात करने के लिए

उदाहरणस्वरूप—112 *के लिए निकटतम क्रियात्मक आधार 100 है, इसका पूरक* = 100 – 112

$= -12 = \overline{12}$

(ii) दो अंकीय संख्या का घन ज्ञात करने के लिए अर्थात् यदि संख्या xy है, तब

$$\begin{array}{cccc} x^3 & x^2y & xy^2 & y^3 \\ & 2x^2y & 2xy^2 & \end{array}$$

हासिल का ध्यान रखते हुए इनका योग ज्ञात करते हैं।

उदाहरणस्वरूप—12 *का घन ज्ञात करने के लिए*

$$\begin{array}{cccc} 1 & 2 & 4 & 8 \\ & & 4 & 8 \\ \hline 1 & 7 & 2 & 8 \end{array}$$

$\therefore \quad 12^3 = 1728$

सूत्र 11. व्यष्टि समष्टि (Vyasthi Samasti)

अर्थ—एकाकी एवं समस्त
उपयोग—इस सूत्र का उपयोग निम्न दो दशाओं में किया जा सकता है

(i) औसत ज्ञात करने के लिए

$$\text{औसत} = \frac{\text{आँकड़ों का योग}}{\text{आँकड़ों की संख्या}}$$

उदाहरणस्वरूप—13, 14 *व* 6 *का औसत ज्ञात कीजिए।*

$$\text{औसत} = \frac{13 + 14 + 16}{3} = \frac{33}{3} = 11$$

(ii) म० स० = उभयनिष्ठ समापवर्तकों का गुणनफल
तथा ल० स० = (उभयनिष्ठ समापवर्तकों का गुणनफल) × (विशेष अपवर्तकों का गुणनफल)

उदाहरणस्वरूप—24 *व* 36 *का म० स० ज्ञात कीजिए।*

∴ *म० स० = उभयनिष्ठ समापवर्तकों का गुणनफल*

$= 2 \times 2 \times 3$

$= 12$

$$\begin{array}{r|l} 2 & 24, 36 \\ 2 & 12, 18 \\ 3 & 6, 9 \\ & 2, 3 \end{array}$$

सूत्र 12. शेषसयङ्केन चरमेण (Sesayan kena Caramena)

अर्थ—अन्तिम अंक से शेषफल

उपयोग—इस सूत्र का उपयोग किसी भिन्न को दशमलव रूप में व्यक्त करने मे किया जाता है। इस सूत्र का उपयोग आगे के अध्याय में स्पष्ट किया जाएगा।

सूत्र 13. सोपान्त्यद्वयमन्त्यम् (Sopantyadvayamantyam)

अर्थ—अन्तिम तथा उससे पहले का दोगुना

उपयोग—इस सूत्र का उपयोग चर का मान ज्ञात करने में किया जाता है, जो इस प्रकार है कि समीकरण

$$\frac{1}{AB}+\frac{1}{AC}=\frac{1}{AD}+\frac{1}{BC} \text{ तथा } A, B, C \text{ व } D$$

समान्तर श्रेणी में है, तब $D + 2C = 0$ इस समीकरण का एक हल होगा।

उदाहरणस्वरूप—

$$\frac{1}{x^2+5x+6}+\frac{1}{x^2+6x+8}=\frac{1}{x^2+7x+10}+\frac{1}{x^2+7x+12}$$

$$\Rightarrow \quad \frac{1}{(x+2)(x+3)}+\frac{1}{(x+2)(x+4)}=\frac{1}{(x+2)(x+5)}+\frac{1}{(x+3)(x+4)} \text{ में}$$

$$A = x + 2$$

$$B = x + 3$$

$$C = x + 4$$

तथा $$D = x + 5$$

तथा A, B, C व D समान्तर श्रेणी में हैं।

$$\therefore \quad (x + 5) + 2(x + 4) = 0$$

$$\Rightarrow \quad x + 5 + 2x + 8 = 0$$

$$\Rightarrow \quad 3x = -13$$

$$\Rightarrow \quad x = -\frac{13}{3}$$

सूत्र 14. एकन्यूनेन पूर्वेण (Ekanyunena Purvena)

अर्थ—पहले से एक कम

उपयोग—इस सूत्र का उपयोग निम्न दशाओं में किया जाता है

(i) दी गई संख्या से एक कम संख्या ज्ञात करने के लिए

उदाहरणस्वरूप—9879 *से एक कम संख्या*

$$= 9879 - 1$$

$$= 9878$$

(ii) दो संख्याओं की गुणा के लिए जिनमें से एक संख्या 9 की आवर्त्ती संख्या है,

उदाहरणस्वरूप—878×9999

चरण I $0878 - 1 = 877$

चरण II $9999 - 877 = 9122$

$\therefore \quad 878 \times 9999 = 8779122$

(iii) एक भिन्न को दशमलव में निरुपित करने के लिए

सूत्र 15. गुणित समुच्चय (Gunita Samuchchaya)

अर्थ—योग की गुणा

उपयोग—इस सूत्र का उपयोग इसके एक उपसूत्र के साथ एक व्यंजक के गुणनखण्डों की जाँच करने में किया जाता है।

यदि हम एक द्विघात या घनीय व्यंजक के गुणनखण्ड कर रहे हैं, तब व्यंजक के गुणांकों का योग गुणनखण्डों के गुणाकों के योग के गुणनफल के बराबर होता है।

उदाहरणस्वरूप—$\because \quad x^2 + 5x + 6 = (x + 3)(x + 2)$

$\therefore$ $x^2 + 5x + 6$ *में गुणाकों का योग* $= 1 + 5 + 6$

$= 12$

तथा गुणनखण्डों के गुणांकों के योग की गुणा

$= (1 + 3) \times (1 + 2)$

$= 4 \times 3$

$= 12$

सूत्र 16. गुणक समुच्चय (Gunaka Samuchchaya)

अर्थ—सभी गुणक

उपयोग—इस सूत्र का उपयोग निम्न दशाओं में करते हैं

(i) संख्याओं की गुणा में शून्यों की संख्या ज्ञात करने में

उदाहरणस्वरूप—400 *व* 4000 *की गुणा में शून्यों की संख्या ज्ञात कीजिए*

$\therefore$ *गुणा में शून्यों की संख्या* $= 2 + 3 = 5$

(ii) संख्याओं की गुणा में दशमलव का स्थान ज्ञात करने के लिए

उदाहरणस्वरूप—1.02 *व* 2.3734 *की गुणा में दशमलव का स्थान ज्ञात कीजिए।*

चूँकि 1.02 *में दशमलव* 2 *स्थान बाद तथा* 2.3734 *में दशमलव* 4 *स्थान बाद है।*

अतः गुणा में दशमलव $(2 + 4 = 6)$ *स्थान बाद आएगा।*

(iii) $a^m \times a^n = a^{m+n}$

उदाहरणस्वरूप— $a^5 \times a^5 = a^{5+5}$

$= a^{10}$

वैदिक गणित के 16 उपसूत्र
(Sixteen Upasutras of Vedic Mathematics)

क्र.स.	सूत्र	अनुवाद
1.	आनुरूप्येण (Anurupyena)	अनुक्रमानुपाती
2.	शिष्यते शेषसंज्ञः (Sisyate Sesasmjnah)	शेषफल अचर रहता है
3.	आद्यमाद्ये नान्त्यमन्त्येन (Adyamadyenantya Mantyena)	पहला पहले से तथा अन्तिम अन्तिम से
4.	केवलैः सप्तंक गुण्यात् (Kevalah' Saptakam Gunyat)	7 के लिए गुणक 143 है
5.	वेष्टनम् (Vestanam)	पुनरावृत्ति से
6.	यावद्नं तावद्नम् (Yavadunam Tavadunam)	—
7.	यावद्नं तावदूनीकृत्य वर्ग च योजते (Yavadunam Tavadunikritya Vargancha Yojayet)	—
8.	अन्त्ययोर्दशकेडपि (Antyayordashake 'pi)	जब अन्तिम अंकों का योग 10 हो
9.	अन्त्ययोरेव (Antyayoreva)	अन्तिम पद (स्वतन्त्र पद) से
10.	समुच्चय गुणितः (Samuccaya Samuchchaya Gunitah)	गुणा का योग
11.	लोपनस्थापनाभ्याम् (Lopanasthapanabhayam)	पदों को हटाकर या छोड़कर
12.	विलोकनम् (Vilokanam)	प्रेक्षण
13.	गुणित समुच्चयः समुच्चय गुणितः (Gunita Samuchchaya Samuchchaya Gunitah)	योग की गुणा, गुणा के योग के बराबर होती है।
14.	ध्वजाङ्क (Dhavajanka)	—
15.	द्वन्द्वयोग (Dwandwa Yoga)	—
16.	शुद्धः (Sudha)	शुद्धिकरण

योग
(Addition)

गणित में, चार आधारभूत संक्रियाएँ होती हैं जिनमें से अधिकतर उपयोग होने वाली संक्रिया योग (अथवा संकलन) है जिसका प्रयोग विभिन्न मानों को जोड़ने में होता है।

योगफल में, प्रत्येक को विभिन्न स्थानों पर हासिल का ध्यान रखना होता है परन्तु कही गलती से भूल गए, तो गलत उत्तर प्राप्त होता है।

इस समस्या से निजात पाने के लिए हम वैदिक गणित के सूत्र ''एकाधिकेन पूर्वेण'' का प्रयोग करते हैं जिसका अर्थ ''पहले से एक ज्यादा'' है।

इस निकाय में, हासिल के मानों को याद रखने की आवश्यकता नहीं है। चूँकि इस विधि में योग की क्रिया में जब भी 9 से अधिक मान प्राप्त होता है, तब बायीं ओर के अंक पर एकाधिकेन चिन्ह (•) बिन्दु लगाते है तथा जब बिन्दु वाले पदों को जोड़ते हैं तब उसमें एक अधिक जोड़ देते हैं।

उदाहरण 1. 1234 *व* 1972 *का योग ज्ञात कीजिए।*

हल

$$\begin{array}{cccc} & \dot{1} & \dot{2} & 3 \quad 4 \\ + & 1 & 9 & 7 \quad 2 \\ \hline & 3 & 2 & 0 \quad 6 \end{array} \qquad \left\{\begin{array}{l} 4+2=6 \\ 3+7=10 \\ 9+2+\underline{1}=12 \\ 1+1+\underline{1}=3 \end{array}\right.$$

→ *एकाधिकेन चिन्ह का मान*

उदाहरण 2. 17329, 36097 *तथा* 68379 *का योग ज्ञात कीजिए।*

हल

$$\begin{array}{cccccc} & \dot{1} & 7 & \dot{3} & \dot{2} & 9 \\ & \dot{3} & 6 & \dot{0} & \dot{9} & 7 \\ + & 6 & 8 & 3 & 7 & 9 \\ & 12 & 1 & 8 & 0 & 5 \end{array} \qquad \left\{\begin{array}{l} 9+7+9=25 \\ 2+9+7+\underline{1}+\underline{1}=20 \\ 3+3+\underline{1}+\underline{1}=8 \\ 7+6+8=21 \\ 6+3+1+\underline{1}+\underline{1}=12 \end{array}\right.$$

रेखांकित 1, एकाधिकेन चिन्ह का मान है।

शून्यांत संख्या का प्रयोग कर योग (Addition using Zero Ending Numbers)

वे संख्याएँ जिनका शून्य पर अन्त होता है अर्थात् जिनका अन्तिम अंक शून्य होता है, शून्यांत कहलाती हैं। जैसे 10, 20, 50, 400 इत्यादि शून्यांत संख्याएँ हैं।

मुख्यत: मौखिक योग ज्ञात करने में इस विधि का प्रयोग करते हैं।

इस विधि में एक संख्या के निकटतम शून्यांत संख्या लेते हैं। इस शून्यांत संख्या में दूसरी संख्या में से शून्यांत संख्या व पहली संख्या के अन्तर को व्यकलित (घटाना) करके जोड़ देते हैं।

इस विधि को निम्न उदाहरणों से स्पष्ट रूप से समझा जा सकता है।

उदाहरण 3. *शून्यांत संख्या का प्रयोग करके* 187 *व* 23 *का योग ज्ञात कीजिए।*

हल चूँकि 187 के निकटतम शून्यांत संख्या 190 है। अब, इसमें 23 – (190 – 187) अर्थात् 23 – 3 अर्थात् 20 जोड़ते है।

$$\therefore \quad 187 + 23 = 190 + 20$$
$$= 210$$

उदाहरण 4. *शून्यांत संख्या का प्रयोग करके* 299 *व* 31 *का योग ज्ञात कीजिए।*

हल चूँकि 299 के निकटतम शून्यांत संख्या 300 है।

अब, इसमें 31 – (300 – 299) अर्थात् 31 – 1 अर्थात् 30 जोड़ते हैं।

$$\therefore \quad 299 + 31 = 300 + 30$$
$$= 330$$

उत्तर की जाँच (Verification of Answer)

उत्तर की जाँच के लिए, दिए गए संख्याओं के अंकों का योग उत्तर के अंकों के योग के बराबर होना चाहिए।

इस विधि में अंकों का योग एक अंक होना चाहिए न कि एक संख्या। यदि यह एक संख्या हो, तो उसके अंकों का योग ज्ञात करते हैं।

यह विधि निम्न उदाहरण से अधिक स्पष्ट होगी।

उदाहरण 5. 9378 *व* 2895 *का योग ज्ञात कीजिए। उत्तर की जाँच भी कीजिए।*

हल

$$\begin{array}{rcccc} & 9 & 3 & 7 & 8 \\ + & \dot{2} & \dot{8} & \dot{9} & 5 \\ \hline 1\,2 & 2 & 7 & 3 & \end{array} \left\{ \begin{array}{l} 8+5=13 \\ 9+7+\underline{1}=17 \\ 8+3+\underline{1}=12 \\ 9+2+\underline{1}=12 \end{array} \right.$$

अब, दी गई संख्याओं के अंकों का योग

$$= 9 + 3 + 7 + 8 + 2 + 8 + 9 + 5$$
$$= 51 = 5 + 1 = 6$$

तथा उत्तर के अंकों का योग $= 1 + 2 + 2 + 7 + 3$

$$= 15 = 1 + 5 = 6$$

चूँकि दी गई संख्याओं के अंकों का योग, उत्तर के अंकों के योग के समान है। अत: उत्तर सही है।

संख्या के अंकों के योग को संख्या का बीजांक कहते हैं।

बीजगणितीय व्यंजकों का योग (Addition of Algebraic Expressions)

योग की यह विधि एक चर वाले बहुपदों में अधिक उपयोगी है।

सबसे पहले बहुपदों के पदों के गुणांकों का निरूपण समझना होगा। अर्थात,

बहुपद	चर का गुणांक
$7x + 2$	7 2
$3x^2 + 5x + 1$	3 5 1
$x^3 + x + 1$	1 0 1 1

अर्थात् $x^3 + 0x^2 + x + 1$

$x^4 - 7x^3 + 3x - 5 \qquad 1\ \overline{7}\ 0\ 3\ \overline{5}$

ध्यान देने योग्य बात यह है कि जिस पद में ऋणात्मक चिन्ह होता है उस गुणांक में वह चिन्ह गुणांक के ऊपर रेखा (bar) खींचकर प्रदर्शित किया जाता है तथा गुणांकों का योग ज्ञात करते समय उस गुणांक को घटाया जाता है।

अर्थात्

$$\begin{array}{ccccc} & & & 7 & 2 \\ & & 3 & 5 & 1 \\ & 1 & 0 & 1 & 1 \\ 1 & \overline{7} & 0 & 3 & \overline{5} \\ \hline 1 & \overline{6} & 3 & (16) & \overline{1} \end{array} \qquad \left\{\begin{array}{l} 2+1+1-5=-1 \\ 7+5+1+3=(16) \\ 3+0+0=3 \\ 1-7=-6 \end{array}\right.$$

$\therefore$ परिणामी बहुपद $x^4 - 6x^3 + 3x^2 + 16x - 1$ है।

उदाहरण 6. $3x^3 + 5x^2 + 9$, $4x^4 + 2x + 3$ व $2x^2 + x + 8$ *का योग ज्ञात कीजिए।*

हल

	बहुपद	चर का गुणांक
	$3x^3 + 5x^2 + 9$	3 5 0 9
	$4x^4 + 2x + 3$	
अर्थात्	$4x^4 + 0x^3 + 0x^2 + 4x + 3$	4 0 0 2 3
	$2x^2 + x + 8$	2 1 8
		4 3 7 3 (20)

$\therefore$ परिणामी बहुपद $4x^4 + 3x^3 + 7x^2 + 3x + 20$ है।

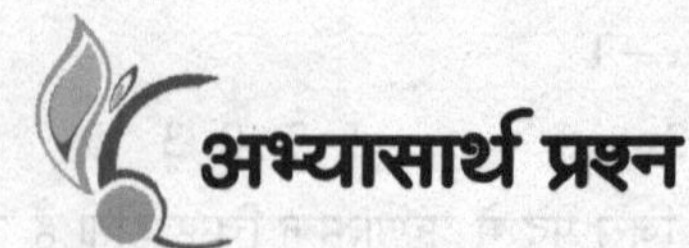

अभ्यास 1

1. 'एकाधिकेन पूर्वेण' का प्रयोग करके योग ज्ञात कीजिए।
   - (i) 237 व 34
   - (ii) 187 व 384
   - (iii) 763 व 169
   - (iv) 889 व 894
   - (v) 459 व 235
   - (vi) 999 व 282
   - (vii) 347 व 487
   - (viii) 787 व 375
   - (ix) 847 व 328
   - (x) 184 व 114
   - (xi) 3478, 6854 व 8470
   - (xii) 3075, 1780 व 3289
   - (xiii) 46437 व 35578
   - (xiv) 543789 व 268289
   - (xv) 19568 व 9265
   - (xvi) 90523471 व 73567819
   - (xvii) 696, 65301, 26829 व 543757
   - (xviii) 46379, 37584 व 19686
   - (xix) 1178,119, 11257 व 12916
   - (xx) 9052, 3471, 5678 व 3125
2. शून्यांत संख्या का प्रयोग करके योग ज्ञात कीजिए तथा उत्तर की जाँच भी कीजिए।
   - (i) 27 व 54
   - (ii) 187 व 35
   - (iii) 63 व 88
   - (iv) 38 व 27
   - (v) 187 व 23
   - (vi) 299 व 43
   - (vii) 479 व 224
   - (viii) 218 व 7
   - (ix) 9999 व 124
   - (x) 99982 व 88
3. वैदिक विधि से निम्न बहुपदों का योग ज्ञात कीजिए।
   - (i) $x + 3$ व $3x^2 + 5$
   - (ii) $x^3 + x + 1$ व $x^2 + x - 1$
   - (iii) $x^5 - 6x^2, x^4 + x^3 + 6x^2 + 8x + 2$ व $x^2 - 7x + 9$
   - (iv) $x^4 - 3x^3 + 8x^2 + 7x + 9$ व $x^3 + 6x^2 + 2x + 7$
   - (v) $6x^5 + 4x^4 + 7x^3 + 8x^2 + 3x + 6, x^6 - 1$ व $x^3 + 6x^2 + 2x + 7$

अभ्यास 2

1. $3596 + 2123 + 5472 = ?$ **(बैंक क्लर्क, 09)**
   - (a) 11911
   - (b) 19111
   - (c) 11119
   - (d) 11191
2. यदि $58321 + 69386 = x + 37098$, x का मान है **(बैंक क्लर्क, 09)**
   - (a) 91619
   - (b) 90609
   - (c) 92609
   - (d) 8961
3. $1834 + 2458 = ?$ **(बैंक क्लर्क, 09)**
   - (a) 4298
   - (b) 4292
   - (c) 4922
   - (d) इनमें से कोई नहीं
4. $15368 + 8153 = ?$ **(बैंक क्लर्क, 09)**
   - (a) 23521
   - (b) 25321
   - (c) 23251
   - (d) इनमें से कोई नहीं

5. 3412 + 4367 + 5590 = ? **(बैंक क्लर्क, 09)**

(a) 13121 (b) 13245
(c) 13369 (d) 13487

6. 5555 + 555 + 55 = ? **(बैंक क्लर्क, 09)**

(a) 6555 (b) 6165
(c) 6665 (d) 55555

7. 7414 + 3698 + 1257 + 1869 = ? **(एसबीआई, 09)**

(a) 14238 (b) 74438
(c) 13428 (d) 73248

8. 8484 + 4248 + 2112 + 1074 + 513 = ?

(a) 16441 (b) 16341
(c) 16431 (d) 1631

9. $x^3 + x + 1$ तथा $6x^2 + 5$ का योग है

(a) $x^3 - 5x - 4$ (b) $x^3 + 7x + 6$
(c) $x^3 + 6x^2 + x + 6$ (d) इनमें से कोई नहीं

10. $x + 3$ तथा $x^3 + 9x^2 + 11x + 7$ का योग है

(a) $x^3 + 9x^2 + 12x + 10$ (b) $x^3 + 10x^2 + 11x + 10$
(c) $x^3 + 9x^2 + 2x + 10$ (d) इनमें से कोई नहीं

उत्तरमाला

अभ्यास 1

1. (i) 271 (ii) 571 (iii) 932 (iv) 1783
(v) 694 (vi) 1281 (vii) 834 (viii) 1162
(ix) 1175 (x) 298 (xi) 18802 (xii) 8144
(xiii) 82015 (xiv) 812078 (xv) 28833 (xvi) 164091290
(xvii) 636583 (xviii) 103649 (xix) 25470 (xx) 21326

2. (i) 61 (ii) 222 (iii) 151 (iv) 65
(v) 210 (vi) 342 (vii) 703 (viii) 225
(ix) 10123 (x) 100070

3. (i) $3x^2 + x + 8$ (ii) $x^3 + x^2 + 2x$ (iii) $x^5 + x^4 + x^3 + x^2 + x + 11$
(iv) $x^4 - 2x^3 + 14x^2 + 9x + 16$ (v) $x^6 + 6x^5 + 4x^4 + 8x^3 + 14x^2 + 5x + 13$

अभ्यास 2

1. (d) **2.** (b) **3.** (b) **4.** (a) **5.** (c)
6. (b) **7.** (a) **8.** (c) **9.** (c) **10.** (a)

व्यकलन (घटाव) (Subtraction)

गणित में व्यकलन एक आधारभूत संक्रिया है, जो दी गई दो संख्याओं का अन्तर ज्ञात करने में प्रयोग की जाती है। कई बार इसे योग का प्रतिलोम भी कहा जाता है।

व्यकलन की प्रक्रिया में संख्याओं के लिए वैदिक सूत्रों "एकाधिकेन पूर्वेण (Ekadhikena Poorvena)" "एकन्यूनेन पूर्वेण (Ekanyunena Poorvena)" या निखिलम् नवत: चरम दशत: (Nikhilum Navataha Charmam Dashtaha) तथा बहुपदों के लिए "परावत्तर्य योजते" (Parvartya Yojayet) जिसका अर्थ पक्षान्तरण तथा समायोजन है, का प्रयोग करते हैं।

एकाधिकेन पूर्वेण सूत्र के प्रयोग से व्यकलन

(Subtraction using Ekadhikena Poorvena)

इस सूत्र की सहायता से संख्याओं का अन्तर ज्ञात करने के लिए निम्न प्रक्रिया का पालन करते हैं।

एक संख्या (minuend) में से दूसरी संख्या (subtrahand) को घटाने के लिए दायीं ओर से घटाना प्रारम्भ करते हैं।

यदि दूसरी संख्या का अंक बड़ा है, तब इसके बायीं ओर की संख्या के ऊपर एक बिन्दु (·) लगाते हैं तथा उस अंक को (10 +) की संख्या में से घटाते हैं। अब इस बिन्दु वाली संख्या को घटाने के लिए इसे एक अंक बढ़ा लेते हैं।

इस प्रक्रिया को संख्या के अन्त तक चलाते हैं।

यह विधि निम्न उदाहरणों की सहायता से भली भाँति समझी जा सकती है।

उदाहरण 1. 36875 *में से* 16889 *को घटाइए।*

हल

$$\begin{array}{r} 36875 \\ 1\dot{6}\dot{8}\dot{8}9 \\ \hline 19986 \end{array}$$

यह सम्भव नहीं है कि 5 में से 9 को घटाया जा सके। अत: 8 पर एक बिन्दु (·) लगाते हैं तथा 15 में से 9 घटाते हैं अर्थात् 15 − 9 = 6

अब बिन्दु वाले 8 को घटाने के लिए 8 + 1 अर्थात् 9 को 7 में से घटाते हैं जोकि सम्भव नहीं है। इसलिए उपरोक्त प्रक्रिया के अनुसार अगले 8 पर एक बिन्दु लगाते हैं तथा 17 में से 9 को घटाते हैं अर्थात् 17 − 9 = 8

इसी प्रकार, 18 − 9 = 9

16 − 7 = 9

तथा 3 − 2 = 1

अत: 36875 − 16889 = 19986

उदाहरण 2. 30125 *में से* 19568 *को घटाइए।*

हल

$$\begin{array}{ccccc} 3 & 0 & 1 & 2 & 5 \\ \dot{1} & \dot{9} & \dot{5} & \dot{6} & 8 \\ \hline 1 & 0 & 5 & 5 & 7 \end{array}$$

5 में से 8 को घटाने के लिए, अगले अंक 6 पर एक बिन्दु (·) लगाइए तथा 15 में से 8 घटाते हैं

अर्थात् $15 - 8 = 7$

अब 2 में से 6 को घटाने के लिए, 5 पर एक बिन्दु लगाते हैं तथा 12 में से 7 को घटाते हैं

अर्थात् $12 - 7 = 5$

इसी प्रकार,

$$11 - 6 = 5$$

$$10 - 10 = 0$$

तथा $3 - 2 = 1$

इस प्रकार $30125 - 19568 = 10557$

''एकन्यूनेन पूर्वेण'' सूत्र के प्रयोग से व्यकलन
(Subtraction using "Ekanyunena Poorvena")

अब सूत्र ''एकन्यूनेन पूर्वेण'' का प्रयोग करने के लिए निम्न प्रक्रिया का अनुपालन करते हैं।

अन्तर ज्ञात करने के लिए अंक को हासिल लेते है तथा ऊपर वाली संख्या की बायीं ओर वाले अंक के नीचे एक बिन्दु (·) लगाते है तथा इस अंक का अन्तर ज्ञात करने के लिए पहले बिन्दु वाले अंक में से एक घटाते हैं।

यह प्रक्रिया निम्न उदाहरणों से स्पष्ट हो जाएगी।

उदाहरण 3. 7397 *में से* 6788 *को घटाइए।*

हल

$$\begin{array}{cccc} \underset{\cdot}{7} & 3 & \underset{\cdot}{9} & 7 \\ 6 & 7 & 8 & 8 \\ \hline 0 & 6 & 0 & 9 \end{array}$$

7 में से 8 को घटाने के लिए ऊपर वाली संख्या में बायीं ओर के अंक के नीचे एक बिन्दु (·) लगाते हैं तथा 17 में से 8 को घटाते है।

अब, $17 - 8 = 9$

अब 9 में से 8 को घटाने के लिए 8 में से 8 को घटाते हैं अर्थात् $8 - 8 = 0$

इसी प्रकार 3 में से 7 को घटाने के लिए

$$13 - 7 = 6$$

तथा 7 में से 6 को घटाने के लिए

$$6 - 6 = 0$$

इस प्रकार, $7397 - 6788 = 609$

उदाहरण 4. 653901 *में से* 268289 *को घटाइए।*

हल

$$\begin{array}{r} 6\,5\,3\,9\,0\,1 \\ -\,2\,6\,8\,2\,8\,9 \\ \hline 3\,8\,5\,6\,1\,2 \end{array}$$

1 में से 9 को घटाने के लिए ऊपर वाली संख्या के बायीं ओर वाली संख्या (0) के नीचे एक बिन्दु (·) लगाते हैं तथा 11 में से 9 को घटाते हैं अर्थात् $11 - 9 = 2$

अब 0 में से 8 को घटाने के लिए, 9 में से 8 को घटाते है तथा इससे पहले 9 के नीचे एक बिन्दु (·) लगाते हैं।

$$9 - 8 = 1$$

इसी प्रकार,

$$9 - 2 = 8 - 2 = 6$$
$$3 - 8 = 13 - 8 = 5$$
$$5 - 6 = 14 - 6 = 8$$
$$6 - 2 = 5 - 2 = 3$$

इस प्रकार, $653901 - 268289 = 385612$

निखिलम् सूत्र का प्रयोग करके व्यकलन (Subtraction using Nikhilum Sutra)

व्यकलन के लिए निखिलम् सूत्र भी उपयोग किया जाता है परन्तु विशेषत: यह उन संख्याओं में प्रयुक्त किया जाता है जिनमें ऊपरी संख्या 10 का गुणक हो। चूँकि इस सूत्र का अर्थ '' अन्तिम 10 में से तथा शेष 9 में से'' है। इसलिए व्यवकल (Subtrahand) के दायीं ओर के अंक को 10 में से तथा शेष अंकों को 9 में से घटाते है।

इस प्रक्रिया को भली भाँति समझने के लिए निम्न उदाहरणों का अध्ययन करें।

उदाहरण 5. 10000 *में से* 8732 *को घटाइए।*

हल

$$\begin{array}{r} 10000 \\ 8732 \\ \hline 1268 \\ \hline \end{array}$$

10 में से 2 को घटाते है अर्थात् $10 - 2 = 8$ तथा शेष अंकों को 9 में से घटाते है अर्थात्

$$9 - 3 = 6$$
$$9 - 7 = 2$$

तथा $9 - 8 = 1$

इस प्रकार, $10000 - 8732 = 1268$

उदाहरण 6. 100000 *में से* 876 *को घटाइए।*

हल

$$\begin{array}{r} 100000 \\ 876 \\ \hline 99124 \\ \hline \end{array}$$

10 में से 6 को घटाते है अर्थात् $10 - 6 = 4$ तथा शेष अंकों को 9 में से घटाते है अर्थात्

$$9 - 7 = 2$$
$$9 - 8 = 1$$
$$9 - 0 = 9$$

अत: $100000 - 876 = 99124$

पुन: निखिलम् सूत्र का उपयोग उन संख्याओं के लिए भी किया जा सकता है जिनमें ऊपरी संख्या (minuend) 10 का गुणक न हो परन्तु यह प्रक्रिया थोड़ी लम्बी है।

निखिलम् सूत्र से व्यकलन सीखने से पहले हमें संख्या के घाटे (Deficit of a number) बारे में जानना है।

संख्या के घाटे से तात्पर्य है कि दी गई संख्या को क्रियात्मक आधार में से घटाते है तथा प्राप्त परिणामी संख्या का घाटा होता है।

उदाहरणस्वरूप—667 *का घाटा* = 1000 – 667

= 333 ($\because$ 667 से अगला क्रियात्मक आधार 1000 है)

इस प्रकार, संख्या का घाटा = क्रियात्मक आधार – दी गई संख्या

संख्या का घाटा ज्ञात करने के लिए संख्या का दायीं ओर का अंक 10 में से तथा शेष अंकों को 9 में से घटाते है। चूँकि यह वैदिक सूत्र ''निखिलम् नवत: चरम दशत:'' का अनुपालन करता है।

इस सूत्र के उपयोग में यह ध्यान रखना होता है कि यदि संख्या के अन्तिम अंक शून्य हो, तो पहले अशून्य अंक (दायीं ओर से) को 10 में से तथा शेष को 9 में से घटाते है तथा इसके बाद शून्य लगाते है।

अब ''निखिलम् सूत्र'' का उपयोग करने के लिए दूसरी संख्या (Subtrahend) का घाटा (Deficit) लेते है तथा इसे ऊपरी संख्या अर्थात् पहली संख्या (minuend) में जोड़ देते है। परिणामी के पिछले क्रियात्मक आधार को परिणामी में से घटा देते है। प्राप्त परिणाम ही अभीष्ट संख्या होती है।

इस प्रक्रिया को भली भाँति निम्न उदाहरणों की सहायता से समझा जा सकता है।

उदाहरण 7. 234 *में से* 67 *को घटाइए।*

हल चूँकि व्यवकल्प 67 है जिसका घाटा 100 – 67 अर्थात् 33 है। अब 33 को 234 में जोड़ते हैं। इसलिए

33 + 234 = 267

तथा 267 का पिछला क्रियात्मक आधार 100 है। इसलिए परिणामी संख्या

= 267 – 100 = 167

इस प्रकार, 234 – 67 = 167

उदाहरण 8. 3453 *में से* 2876 *को घटाइए।*

हल चूँकि व्यवकल्प (Subtrahand) 2876 है जिसका घाटा 7124 है। अब

3453 + 7124 = 10577

10577 का पिछला क्रियात्मक आधार 10000 है। इसलिए परिणामी संख्या

= 10577 – 10000

= 577

इस प्रकार, 3453 – 2876 = 577

बहुपदों का व्यकलन (Subtraction of Polynomials)

एक बहुपद को दूसरे बहुपद में से घटाने के लिए वैदिक सूत्र ''परावर्त्य योजते'' का प्रयोग करते है जिसका अर्थ ''पक्षान्तरण तथा समायोजन'' है।

सबसे पहले व्यवकल्प के सभी पदों के अंकों के चिन्ह बदलते हैं तथा ऊपरी बहुपद के संगत पदों में जोड़ते हैं।

इस प्रक्रिया को समझने के लिए निम्न उदाहरणों का अनुपालन कीजिए।

उदाहरण 9. $x^5 - x^3 + 8x^2 + 3$ में से $x^4 + 3x^3 + 6x^2 + 7x + 7$ को घटाइए।

हल

$$\begin{array}{rcccccc} & x^5 & x^4 & x^3 & x^2 & x^1 & \text{अचर} \\ x^5 - x^3 + 8x^2 + 3 \rightarrow & 1 & 0 & \overline{1} & 8 & 0 & 3 \\ x^4 + 3x^3 + 6x^2 + 7x + 7 \rightarrow & \overline{0} & \overline{1} & \overline{3} & \overline{6} & \overline{7} & \overline{7} \\ \hline & 1 & 1 & 2 & 2 & \overline{7} & \overline{4} \end{array}$$

$$\left(\begin{array}{l} \overline{7} + 3 = -7 + 3 = -4 = \overline{4}, 0 + \overline{7} = \overline{7} \\ 8 + \overline{6} = 8 - 6 = 2, \overline{1} + \overline{3} = -1 - 3 = -4 = \overline{4}, \\ 0 + \overline{1} = 0 - 1 = -1 = \overline{1}, 1 + \overline{0} = 1 - 0 = 1 \end{array}\right)$$

इस प्रकार, $(x^5 - x^3 + 8x^2 + 3) - (x^4 + 3x^3 + 6x^2 + 7x + 7)$

$$= x^5 - x^4 - 4x^3 + 2x^2 - 7x - 4$$

उदाहरण 10. $9x + 7$ में से $4x + 2$ को घटाइए।

हल

$$\begin{array}{rcc} & x & \text{अचर} \\ 9x + 7 \rightarrow & 9 & 7 \\ 4x + 2 \rightarrow & \overline{4} & \overline{2} \\ \hline & 5 & 5 \end{array}$$

$$\left(\begin{array}{l} 7 + \overline{2} = 7 - 2 = 5 \\ 9 + \overline{4} = 9 - 4 = 5 \end{array}\right)$$

इस प्रकार, $(9x + 7) - (4x + 2) = 5x + 5$

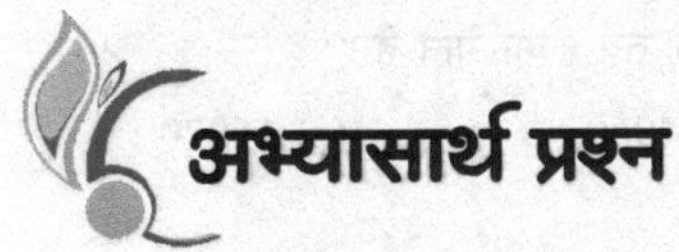

अभ्यासार्थ प्रश्न

अभ्यास 1

1. वैदिक सूत्र ''एकाधिकेन पूर्वेण'' का प्रयोग करके पहली संख्या में से दूसरी संख्या घटाइए।

(i) 62, 35 (ii) 931, 632
(iii) 13080, 9302 (iv) 46437, 35438
(v) 14293, 10392 (vi) 29439, 25690
(vii) 36499, 25602 (viii) 663111, 323644
(ix) 561257, 543937 (x) 39403230, 32369060

2. वैदिक सूत्र ''एकन्यूनेन पूर्वेण'' का प्रयोग करके पहली संख्या में से दूसरी संख्या घटाइए।

(i) 1930, 1690 (ii) 3490, 3260
(iii) 963, 606 (iv) 7978, 7369
(v) 26828916, 16493901 (vi) 3212640, 3211960
(vii) 326400, 169001 (viii) 36942, 21694
(ix) 10014790, 9216963 (x) 1639410, 1029630

3. वैदिक सूत्र ''निखिलं नवतः चरमः दशतः'' का प्रयोग करके पहली संख्या में से दूसरी संख्या घटाइए।

(i) 100, 90 (ii) 100, 63
(iii) 1000, 179 (iv) 10000, 1490
(v) 30125, 19568 (vi) 1783, 1690
(vii) 12046035, 9052347 (viii) 930165, 735678
(ix) 1878642, 905265 (x) 169032, 160438

4. वैदिक सूत्र ''परावर्त्य योजते'' का प्रयोग करके दूसरे व्यंजक में से पहले व्यंजक को घटाइए।

(i) $4x+3, 5x+9$
(ii) $7x+4, 15x-4$
(iii) $16x^2+15x+4,\ 19x^2+14x+7$
(iv) $14x^2+3x+1,\ x^2-1$
(v) $29x^2+16x-14,\ 12x^2+9x$
(vi) $x^3+2x^2+3x+9,\ 4x^3+4x^2+9x+2$
(vii) $x^4+x^3+2x+7,\ x^3+7x^2+7x+9$
(viii) $x^4-1,\ x^5+x^4+x^2+x-1$
(ix) $6x^5+2x^3+3x^2+7x+9,\ x^5+x^3+6x^2+7$
(x) $12x^6+1,\ 14x^5-1$

अभ्यास 2

1. $6158-543-111=?$ **(ओबीसी क्लर्क, 09)**

(a) 5504 (b) 5608
(c) 5710 (d) 5816

2. $995-618+84=?$ **(ओबीसी क्लर्क, 09)**

(a) 461 (b) 471 (c) 481 (d) 491

3. यदि $8153 + 1492 = x - 6175$, तब x का मान है **(ओबीसी क्लर्क, 09)**

(a) 13870 (b) 14960 (c) 15820 (d) 16750

4. $98678 - 45099 - 10036 = ?$ **(सेन्ट्रल बैंक क्लर्क, 09)**

(a) 43543 (b) 45343 (c) 44353 (d) 43345

5. $10354 - 6815 - 1359 = ?$ **(इण्डियन ओवरसीज बैंक क्लर्क, 09)**

(a) 2270 (b) 1940 (c) 1720 (d) इनमें से कोई नहीं

6. यदि $58321 + 69386 = x + 37098$, तब x का मान है **(इण्डियन ओवरसीज बैंक क्लर्क, 09)**

(a) 91619 (b) 90609 (c) 92609 (d) 89619

7. यदि $9879 - x = 1358$, तब x का मान है **(देना बैंक क्लर्क, 09)**

(a) 8521 (b) 11273 (c) 7251 (d) 8421

8. $-31 - 35 - 37 + 18 + 17 = ?$ **(देना बैंक क्लर्क, 09)**

(a) 68 (b) 103 (c) −138 (d) इनमें से कोई नहीं

9. यदि $5982 + 1345 + 736 - x = 4588 + 992$, तब x का मान है **(देना बैंक पीओ, 09)**

(a) 2485 (b) 2480 (c) 2473 (d) इनमें से कोई नहीं

10. यदि $8888 + 848 + 88 - x = 7337 + 737$, तब x का मान है **(केनरा बैंक पीओ, 09)**

(a) 1650 (b) 1750 (c) 1550 (d) 1450

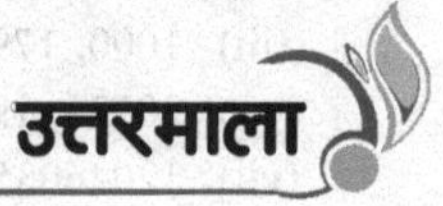

उत्तरमाला

अभ्यास 1

1. (i) 27 (ii) 299 (iii) 3778 (iv) 10999
(v) 3901 (vi) 3749 (vii) 10897 (viii) 339467
(ix) 17320 (x) 7034170

2. (i) 240 (ii) 230 (iii) 357 (iv) 609
(v) 10335015 (vi) 680 (vii) 157399 (viii) 15248
(ix) 797827 (x) 609780

3. (i) 10 (ii) 27 (iii) 821 (iv) 8510
(v) 10557 (vi) 93 (vii) 2993688 (viii) 194487
(ix) 973377 (x) 8594

4. (i) $x + 6$ (ii) $8x + 8$
(iii) $3x^2 - x + 3$ (iv) $-13x^2 - 3x - 2$
(v) $-17x^2 - 7x + 14$ (vi) $3x^3 + 2x^2 + 6x - 7$
(vii) $-x^4 + 7x^2 + 5x + 2$ (viii) $x^5 + x^2 + x$
(ix) $-5x^5 - x^3 + 3x^2 - 7x - 2$ (x) $-12x^6 + 14x^5 - 2$

अभ्यास 2

1. (a)	**2.** (a)	**3.** (c)	**4.** (a)	**5.** (d)
6. (b)	**7.** (a)	**8.** (d)	**9.** (d)	**10.** (b)

गुणन
(Multiplication)

गणित में, गुणन एक आधारभूत संक्रिया है। यहाँ एक पारम्परिक विधि द्वारा संख्याओं की गुणा की जाती है परन्तु वैदिक सूत्रों की सहायता से गुणा शीघ्र की जा सकती है जिससे गणना करने में तेज गति प्राप्त होती है।

''निखिलम् नवतः चरमं दशतः'' तथा ''उर्ध्वतिर्यक'' वैदिक सूत्रों को शीघ्र गणना करने के लिए उपयोग किया जाता है।

निखिलम् सूत्र की सहायता से गुणन (Multiplication by "Nikhilum Sutra")

गुणा की प्रक्रिया को सरल करने के लिए ''निखिलम् नवतः चरमं दशतः'' सूत्र का उपयोग किया जाता है। जिसका अर्थ ''अन्तिम दस से तथा शेष 9 से'' है।

इस सूत्र की सहायता से संख्या का पूरक (Complement of a number) ज्ञात किया जाता है। जिसका उपयोग गुणनफल ज्ञात करने में किया जाता है।

हमने इस सूत्र के उपयोग को तीन दशाओं में वर्गीकृत किया है जो इस प्रकार हैं

(i) जब दोनों संख्याएँ निकटतम क्रियात्मक आधार से कम हो

जब दोनों संख्याएँ निकटतम क्रियात्मक आधार से कम हों, तब उन संख्याओं (गुणक व गुण्य) के पूरक ज्ञात करने है जिनमें अंको की संख्या गुण्य तथा गुणक में अंकों की संख्या के समान होनी चाहिए अर्थात् संख्या 97 के लिए पूरक 3 है परन्तु 3 को 03 के रूप में लिखना चाहिए। पूरक के सामने एक ऋणात्मक चिन्ह लगाना चाहिए जिससे पता चलता है कि वह संख्या क्रियात्मक आधार से कितनी छोटी है। गुण्य व गुणक के संगत पूरकों को उनके सामने लिखते हैं।

अब, इन पूरकों का गुणनफल ज्ञात करते हैं जो परिणामी का दायाँ भाग है तथा तिर्यक संख्या का योग ज्ञात करते है जो परिणामी का बायाँ भाग होता है। इस प्रक्रिया में हासिलों (carry overs) का ध्यान विशेष रूप से रखा जाता है। हासिलों को बायीं ओर के अंकों में जोड़ दिया जाता है।

यह प्रक्रिया निम्न उदाहरणों से स्पष्ट हो जाएगी।

उदाहरण 1. *5 व 6 की गुणा कीजिए।*

हल 5 व 6 के पूरक क्रमशः 5 व 4 हैं।

$$\therefore \quad \begin{array}{r} 5 \quad -5 \\ 6 \quad -4 \\ \hline 1/20 \\ \hline \end{array}$$

पूरकों को गुण्य तथा गुणकों के सामने ऋणात्मक चिन्ह के साथ लिखते हैं। 5 व 4 की गुणा ज्ञात करते है जोकि 20 है तथा तिर्यक योग 5 – 4 या 6 – 5(= 1) है। अतः परिणामी का बायाँ भाग 20

है तथा दायाँ भाग 1 है परन्तु बायाँ भाग एक अंक का होना चाहिए था इसलिए 2 को 1 में जोड़ते है। इस प्रकार, बायाँ भाग 0 है तथा दायाँ भाग 3 है।

अत: $5 \times 6 = 30$

उदाहरण 2. *91 व 93 का गुणनफल ज्ञात कीजिए।*

हल 91 व 93 के पूरक क्रमश: 9 व 7 हैं।

$$\begin{array}{c} 91 \;\; -09 \\ 93 \;\; -07 \\ \hline 84/63 \\ \hline \end{array}$$

पूरक को संख्याओं के सामने ऋणात्मक चिन्ह के साथ लिखते हैं। यहाँ ध्यान देने योग्य बात यह कि, चूँकि अंकों की संख्या दो अंकों की है, इसलिए पूरक में दो अंक होने चाहिए जोकि पूरकों के सामने शून्य लगाकर दो अंक बना लेते हैं।

(09) व (07) का गुणनफल 63 है तथा तिर्यक योग (93 – 09) या (91 – 07) है जो 84 है।

इस प्रकार, $91 \times 93 = 8463$

उदाहरण 3. *995 व 997 का गुणनफल ज्ञात कीजिए।*

हल 995 व 997 के पूरक क्रमश: 005 व 003 हैं।

$$\begin{array}{c} 995 \;\; -005 \\ 997 \;\; -003 \\ \hline 992/015 \\ \hline \end{array}$$

संख्याओं के पूरक ऋणात्मक चिन्ह के साथ संख्या के सामने लिखते हैं। (005) व (003) का गुणनफल ज्ञात करते हैं जो 15 है परन्तु इसमें तीन अंक होने चाहिए इसलिए दायीं ओर एक शून्य लगाते है। तिर्यक योग 997 – 005 अर्थात् 992 है।

इस प्रकार, $995 \times 997 = 992015$

माना संख्याएँ x व y हैं, तब

$$xy = (X - a)(X - b)$$
$$= X(X - a - b) + ab$$

जहाँ X क्रियात्मक आधार है तथा x व y के पूरक क्रमशः a और b हैं।

उदाहरणस्वरूप

$$\begin{aligned} 97 \times 94 &= (100 - 3)(100 - 6) \\ &= 100(100 - 3 - 6) + (3 \times 6) \\ &= 100 \times 91 + 18 \\ &= 9100 + 18 \\ &= 9118 \end{aligned}$$

तथा

$$\begin{aligned} 76 \times 86 &= (100 - 24)(100 - 14) \\ &= 100(100 - 24 - 14) + (24 \times 14) \\ &= 100 \times 62 + 336 \\ &= 6200 + 336 \\ &= 6536 \end{aligned}$$

दो संख्याओं का गुणनफल ज्ञात करने के लिए यह एक आसान तरीका है परन्तु यह अधिक उपयोगी तभी है, जब संख्याएँ क्रियात्मक आधार के निकट हो।

(ii) जब दोनों संख्याएँ क्रियात्मक आधार से बड़ी हों

इस दशा में दोनों संख्याएँ निकटतम क्रियात्मक आधार से बड़ी होती हैं। सभी नियम पूर्व की भाँति ही होते हैं परन्तु गुण्य व गुणक के पूरकों के चिन्ह धनात्मक होते हैं।

उदाहरण 4. 13 *व* 16 *का गुणनफल ज्ञात कीजिए।*

हल चूँकि 13 व 16 के पूरक क्रमश: 3 व 6 हैं।

$$\begin{array}{cc} 13 & 03 \\ 16 & 06 \\ \hline \multicolumn{2}{c}{19/18} \\ \hline \end{array}$$

पूरकों संख्याओं के सामने लिखते हैं। 03 व 06 का गुणनफल ज्ञात करते हैं जो 18 है तथा तिर्यक योग $16+03=19$ है।

इस प्रकार, $13\times16=19/18=208$

उदाहरण 5. *सरल कीजिए* 115×103

हल 115 व 103 के पूरक क्रमश: 15 व 03 हैं।

$$\begin{array}{cc} 115 & 015 \\ 103 & 003 \\ \hline \multicolumn{2}{c}{118/45} \\ \hline \end{array}$$

पूरकों संख्याओं के सामने लिखते हैं 15 व 03 का गुणनफल ज्ञात कीजिए जोकि 45 है। तिर्यक योग $103+15=118$ है। इसलिए परिणामी का दायाँ भाग 45 व बायाँ भाग 118 है।

इस प्रकार, $115\times103=11845$

उदाहरण 6. 1013×1006 *का मान ज्ञात कीजिए।*

हल 1013 व 1006 के पूरक 13 व 6 हैं।

$$\begin{array}{cc} 1013 & 013 \\ 1006 & 006 \\ \hline \multicolumn{2}{c}{1019/078} \\ \hline \end{array}$$

पूरकों को संख्याओं के सामने लिखते हैं तथा 13 व 06 का गुणनफल 78 है तथा तिर्यक योग

$$=1006+13=1019$$

इसलिए बायाँ भाग 1019 तथा दायाँ भाग 078 है।

इस प्रकार, $1013\times1006=1019078$

माना संख्याएँ x व y हैं, तब

$$\begin{aligned} xy &= (X+a)(X+b) \\ &= X(X+a+b)+ab \end{aligned}$$

जहाँ X क्रियात्मक आधार है तथा x व y के पूरक क्रमशः a व b हैं।

उदाहरणस्वरूप—$102\times109=(100+2)(100+9)$

$$\begin{aligned} &= 100(100+2+9)+(2\times9) \\ &= 100(111)+18 \\ &= 11100+18 \\ &= 11118 \end{aligned}$$

(iii) जब एक संख्या क्रियात्मक आधार से कम तथा दूसरी संख्या क्रियात्मक आधार से अधिक हो

इस दशा में बड़ी संख्या (क्रियात्मक आधार से बड़ी) का पूरक उसके सामने धनात्मक चिन्ह के साथ रखते हैं तथा दूसरी छोटी संख्या (क्रियात्मक आधार से छोटी) का पूरक उसके सामने ऋणात्मक चिन्ह के साथ रखते हैं। इन चिन्हों को तिर्यक योग में प्रयोग करते हैं तथा दायीं ओर के गुणनफल के ऊपर बार (bar) लगाते हैं। शेष सभी नियम पहले की भाँति समान ही हैं।

उदाहरण 7. 1013×986 *को सरल कीजिए।*

हल 1013 व 986 के पूरक क्रमशः 13 व −14 हैं।

$$\begin{array}{r} 1013 \quad 13 \\ 986 \quad -14 \\ \hline 999 \,/\, \overline{182} \\ \hline \end{array}$$

यहाँ बायाँ भाग $= 986 + 13$ या $1013 - 14$

$= 999$

तथा दायाँ भाग $= 13 \times 14 = (10+3)(10+4)$

$= 10(10+3+4) + (3 \times 4)$

$= 10 \times 17 + 12$

$= 170 + 12 = 182$

इस प्रकार, $1013 \times 986 = 999 / \overline{182}$

$= 999 / (1000 - 182)$

$= 999818$

(iv) जब दोनों संख्याएँ क्रियात्मक आधार के निकट न हों

जब दोनों संख्याएँ क्रियात्मक आधार 10,100 या इसके गुणज के निकट न हो, तब संख्याओं के निकट की एक संख्या को आधार लेते हैं परन्तु तिर्यक योग (परिणामी के बायाँ भाग) में उस संख्या से गुणा करते हैं जिससे यह ज्ञात होता है कि यह आधार पिछले क्रियात्मक आधार से कितना अधिक है। यहाँ यह ध्यान देने योग्य बात यह है कि यह संख्या एक पूर्णांक होनी चाहिए। शेष सभी नियम पहले की भाँति समान ही हैं।

उदाहरण 8. 65 *व* 57 *का गुणनफल ज्ञात कीजिए।*

हल माना आधार 60 है जोकि पिछले क्रियात्मक आधार 10 का 6 गुना है। 65 व 57 के पूरक +05 व −03 हैं।

$$\begin{array}{r} 65 \quad 05 \\ 57 \quad -03 \\ \hline 62 \,/\, \overline{15} \\ \hline \end{array}$$

बायाँ भाग $= 62 \times 6 = 372$

तथा दायाँ भाग $= \overline{15}$

इस प्रकार, $65 \times 57 = 372 / \overline{15}$

$= 370 / (20 - 15)$

$= 3705$

उदाहरण 9. 9561 *व* 8997 *का गुणनफल ज्ञात कीजिए।*

हल माना आधार 9000 है जोकि पिछले क्रियात्मक आधार 1000 का 9 गुना है 9561 व 8997 के पूरक 561 व –3 हैं।

$$\therefore \quad \begin{array}{r} 9561 \quad 561 \\ 8997 \quad -3 \\ \hline 9558 \;/\; \overline{1683} \end{array}$$

∴ बायाँ भाग $= 9558 \times 9 = 86022$

तथा दायाँ भाग $= 561 \times (\overline{3}) = \overline{1683}$

इस प्रकार, $9561 \times 8997 = 86022 / \overline{1683}$

$= 86020 / (2000 - 1683)$

$= 86020 / 317 = 86020317$

"उर्ध्व तिर्यगभ्याम्" सूत्र की सहायता से गुणन

(Multiplication by "Urdhva Tiryagbhyam")

वैदिक सूत्र "उर्ध्व तिर्यकभ्याम्" को किसी भी संख्याओं के गुणा करने में प्रयोग किया जा सकता है तथा इसमें कितनी भी संख्याओं की गुणा की जा सकती है।

यह विधि अत्यन्त सरल है तथा यह सूत्र किसी भी प्रकार की गुणा में उपयोग किया जा सकता है। यह विधि पारम्परिक विधि से छोटी परन्तु निखिलम् सूत्र से बड़ी विधि है। पारम्परिक विधि के सापेक्ष इसका लाभ यह है कि मानसिक कार्य के लिए अधिक उपयोगी है। यह विधि "उर्ध्व तिर्यकभ्याम्" (Urdhva Tiryagbhyam) पर आधारित है जिसका अर्थ "उर्ध्वधर तथा तिर्यक" है।

इस विधि में हम गणना बायीं से दायीं ओर करते हैं जबकि पारम्परिक विधि में गणना दायीं ओर से प्रारम्भ करते हैं।

इस विधि को हमने निम्न दशाओं में विभाजित कर रखा है

(i) जब संख्याओं में अंकों की संख्या दो हो

माना दो संख्याएँ ab व cb हैं।

$$\therefore \quad ab \times cd = (a \times c) / (a \times d) + (b \times c) / (b \times d)$$

उदाहरण 10. 65 *व* 62 *की गुणा कीजिए।*

हल

$$\begin{array}{c} 65 \\ \times 62 \\ \hline (6 \times 6) / (6 \times 2) + (5 \times 6) / (5 \times 2) \\ \hline = 36 / 42 / 10 \\ = 36 / 43 / 0 = 4030 \end{array}$$

इस विधि में हासिल (carry overs) का विशेष ध्यान देना होता है।

(ii) जब संख्याओं में अंकों की संख्या तीन हो

माना संख्याएँ abc व def हैं।

$$\therefore \quad \begin{array}{c} abc \\ \times def \\ \hline (a \times d) / (a \times e) + (b \times d) / (a \times f) + (b \times e) + (c \times d) / (b \times f) \times (c \times e) / (c \times f) \end{array}$$

उदाहरण 11. *321 व 362 की गुणा कीजिए।*

हल

$$\begin{array}{r} 321 \\ \times 362 \\ \hline \end{array}$$

$$(3\times3)/(3\times6)+(2\times3)/(3\times2)+(2\times6)+(1\times3)/(2\times2)+(1\times6)/(1\times2)$$

$$= 9/24/21/10/2$$

$$= 9/24/22/02$$

$$= 9/26/202 = 116202$$

(*i*) *इस प्रक्रिया को 4 अंकों या 5 अंकों की संख्याओं के गुणा करने में प्रयुक्त किया जा सकता है। चार अंकों की संख्याओं की गुणा में, 7 भाग होंगे जबकि 5 अंकों वाली संख्याओं की गुणा में 9 भाग होंगे।*

(ii) *दशमलव की संख्याओं के गुणा में, पहले बिना दशमलव लिए गुणा कर ली जाती है फिर उसके बाद दशमलव उचित स्थान पर लगा दिया जाता है।*

(iii) *यदि संख्याओं में अंकों की संख्या समान न हो, तो कम अंकों वाली संख्या में बायीं ओर शून्य लगाकर अंकों की संख्या समान कर ली जाती है।*

''उर्ध्व तिर्यगभ्याम्'' सूत्र की सहायता से बहुपदों की गुणा (Multiplication of Polynomials by "Urdhva Tiryagbhyam")

दो बहुपदों की गुणा वैदिक सूत्र ''उर्ध्व तिर्यगभ्याम्'' (Urdhva Tiryagbhyam) की सहायता से की जा सकती है।

इस सूत्र के उपयोग से किए जाने वाली गुणा की प्रक्रिया को निम्न उदाहरणों की सहायता से समझा जा सकता है।

उदाहरण 12. $(2x+3)(2x+9)$ *को हल कीजिए।*

हल

बहुपद	x-आधार संख्याएँ
$2x+3$	2 3
$2x+9$	2 9

x^2 वाला पद $= \begin{matrix}2\\2\end{matrix}\uparrow = 2\times2=4$

$= 4x^2$

x वाला पद $= \begin{matrix}2 & 3\\2 & 9\end{matrix}\ (\times) = 2\times9+2\times3$

$= 24$

$\Rightarrow \quad 24x$

x से स्वतन्त्र पद $= \begin{matrix}3\\9\end{matrix}\uparrow = 3\times9=27$

इस प्रकार, $(2x+3)(2x+9) = 4x^2+24x+27$

उदाहरण 13. $(9x^2+6x+5)$ *व* $(4x^2+6x+5)$ *की गुणा कीजिए।*

हल

बहुपद	x-आधार संख्याएँ
$9x^2+6x+5$	9 6 5
$4x^2+6x+5$	4 6 5

x^4 वाला पद = $\begin{matrix}9\\4\end{matrix}\uparrow = 9 \times 4 = 36$

$\Rightarrow \quad 36x^4$

x^3 वाला पद = $\begin{matrix}9 & & 6\\ & \times & \\4 & & 6\end{matrix} = 9 \times 6 + 6 \times 4$

$= 54 + 24 = 78$

$\Rightarrow \quad 78x^3$

x^2 वाला पद = $\begin{matrix}9 & & 6 & 5\\ & \times & & \\4 & & 6 & 5\end{matrix}$

$= 9 \times 5 + 6 \times 6 + 4 \times 5$

$= 45 + 36 + 20 = 101$

$\Rightarrow \quad 101x^2$

x वाला पद = $\begin{matrix}6 & & 5\\ & \times & \\6 & & 5\end{matrix}$

$= 6 \times 5 + 6 \times 5$

$= 30 + 30 = 60$

$\Rightarrow \quad 60x$

x से स्वतन्त्र पद $\begin{matrix}5\\5\end{matrix}\uparrow = 25$

$\Rightarrow \quad 25$

इस प्रकार,

$$(9x^2 + 6x + 5)(4x^2 + 6x + 5)$$
$$= 36x^4 + 78x^3 + 101x^2 + 60x + 25$$

(i) उपरोक्त उदाहरणों को निम्न प्रकार लिखा जा सकता है

$$\begin{array}{r} ax + b \\ \times\, cx + d \\ \hline acx^2 + (ad + bc)x + bd \end{array}$$

तथा

$$\begin{array}{r} ax^2 + bx + c \\ \times\, dx^2 + ex + f \\ \hline adx^4 + (ae + bd)x^3 + (af + be + cd)x^2 + (bf + ce)x + cf \end{array}$$

(ii) यदि कोई पद ऋणात्मक है, तो वह चिन्ह गुणांक के साथ गणना में प्रयुक्त किया जाता है।

उदाहरणस्वरूप— $(2x - 3)$ *में गुणांक* 2 *व* –3 *हैं।*

अभ्यासार्थ प्रश्न

अभ्यास 1

1. ''निखिलम्'' सूत्र की सहायता से निम्न को हल कीजिए।

(i) 94×98 (ii) 98×86
(iii) 78×97 (iv) 786×998
(v) 113×998 (vi) 99979×99999
(vii) 95.5×0.89 (viii) 9.97×0.088
(ix) 112×109 (x) 10009×10007
(xi) 1.901×10.02 (xii) 10.15×101.0
(xiii) 109×0.96 (xiv) 996×1008
(xv) 1027×998 (xvi) 1.14×9.2
(xvii) 64×56 (xviii) 9651×8993
(xix) 8451×6253 (xx) 334×307

2. ''उर्ध्व तिर्यग्भ्याम्'' सूत्र की सहायता से निम्न को सरल कीजिए।

(i) 31×49 (ii) 33×34
(iii) 242×568 (iv) 719×888
(v) 5.4×5.7 (vi) 7.6×0.77
(vii) 7500×81 (viii) 1.231×5.134
(ix) 769×893 (x) 99963×99872
(xi) 11228×9999 (xii) 9651×8993
(xiii) 689×343 (xiv) 85×97
(xv) 94×87 (xvi) 989×769
(xvii) 334×307 (xviii) 114×16
(xix) 99×104 (xx) 160×149

3. बहुपदों की गुणा कीजिए।

(i) $(2x+1)$ व $(3x+7)$ (ii) $(2x+9)$ व $(3x+5)$
(iii) $(3x+9)$ व $(6x+2)$ (iv) $(4x^2+2x+1)$ व $(8x^2+2x+5)$
(v) (ax^2+bx+c) व (cx^2+dx+e) (vi) $(6x^2+6x+8)$ व $(4x^2+5x+7)$
(vii) $(4x^3+2x^2+3)$ व $(4x^3+7x^2+4x)$ (viii) (x^3+1) व (x^2+1)
(ix) (x^2+1) व (x^2-2) (x) (x^2+5) व (x^3+x-5)

4. यदि 1 किग्रा चावल का मूल्य 19.60 रु० है, तो 9.5 किग्रा चावल खरीदने के लिए कितना धन देना होगा ?

5. 1 घन मी चिनाई करने की दर 992 रु० है, 1005 घन मी चिनाई करने के लिए मूल्य कितना होगा ?

6. एक अन्तरिक्षयान 9995 किमी/घण्टा की चाल से चलता है। 10004 घण्टे में तय दूरी ज्ञात कीजिए।

7. एक दुकानदार 11 कालीन 10000 रु० में खरीदता है तथा प्रत्येक कालीन को 990 रु० की दर से बेच देता है, उसे कितने रुपये का लाभ होगा ?

8. रितु एक फ्लैट खरीदने के लिए धन उधार लेती है। उसे प्रत्येक माह 2235 रु० देने पड़ते हैं। 20 वर्ष में वह कितना धन कम्पनी को वापस देगी ?

9. 83 विद्यार्थियों व 7 अध्यापकों का एक समूह विज्ञान प्रदर्शनी देखने जाता है। यदि प्रवेश शुल्क विद्यार्थियों के लिए 75 रु० तथा अध्यापकों के लिए 150 रु० हो, तो समूह को कुल कितना धन खर्च करना होगा ?

10. यदि एक साड़ी का मूल्य 630 रु० है। यदि 14% छूट दी जाए, तो उस साड़ी का मूल्य कितना होगा ?

अभ्यास 2

1. $495 \times 38 - 1885 = ?$ **(ओबीसी क्लर्क, 09)**

(a) 16695 (b) 16745
(c) 16885 (d) 16925

2. $180 \times 18 \times 8 - 8888 = ?$ **(ओबीसी क्लर्क, 09)**

(a) 14036 (b) 15048
(c) 16012 (d) 17032

3. $555 \times 61 - 25000 = ?$ **(सेंट्रल बैंक क्लर्क, 09)**

(a) 8855 (b) 8558
(c) 8585 (d) 8858

4. $338 \times 97 - 1835 = ?$ **(इण्डियन ओवरसीज बैंक क्लर्क, 09)**

(a) 30951 (b) 31951 (c) 29951 (d) 32951

5. $15 + 150 \times 12 = ?$ **(देना बैंक क्लर्क, 09)**

(a) 165 (b) 1980 (c) 27000 (d) 1815

6. $120 \times (2 + 12) = ?$ **(देना बैंक क्लर्क, 09)**

(a) 1680 (b) 252 (c) 134 (d) 1340

7. $(15 + 15) \times 20 = ?$ **(देना बैंक क्लर्क, 09)**

(a) 4500 (b) 300
(c) 315 (d) इनमें से कोई नहीं

8. 995 व 997 का गुणनफल है

(a) 99015 (b) 992015
(c) 99215 (d) इनमें से कोई नहीं

उत्तरमाला

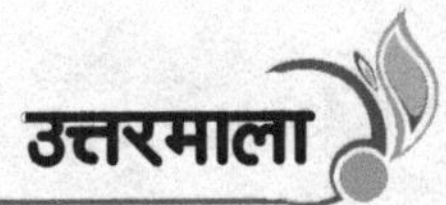

अभ्यास 1

1. (i) 9212 (ii) 8428 (iii) 7566 (iv) 784428
(v) 112774 (vi) 9997800021 (vii) 88.555 (viii) 8.7736
(ix) 12208 (x) 100160063 (xi) 19.04802 (xii) 1025.15
(xiii) 10464 (xiv) 1003968 (xv) 1024946 (xvi) 10.488
(xvii) 3584 (xviii) 86791443 (xix) 52844103 (xx) 102538

2. (i) 1519 (ii) 1122 (iii) 137.456 (iv) 638472
(v) 30.78 (vi) 5.852 (vii) 607500 (viii) 6.319954
(ix) 686717 (x) 9983504736 (xi) 112268772 (xii) 86791443
(xiii) 236327 (xiv) 8245 (xv) 8178 (xvi) 760541
(xvii) 102538 (xviii) 1824 (xix) 10296 (xx) 23840

3. (i) $6x^2 + 13x + 7$
   (ii) $6x^2 + 37x + 45$
   (iii) $18x^2 + 60x + 18$
   (iv) $32x^4 + 24x^3 + 32x^2 + 12x + 5$
   (v) $acx^4 + (ad + bc)x^3 + (ae + bd + c^2)x^2 + (be + cd)x + ce$
   (vi) $24x^4 + 54x^3 + 104x^2 + 82x + 56$
   (vii) $16x^6 + 36x^5 + 30x^4 + 20x^3 + 21x^2 + 12x$
   (viii) $x^5 + x^3 + x^2 + 1$
   (ix) $x^4 - x^2 - 2$
   (x) $x^5 + 6x^3 - 5x^2 + 5x - 25$

4. 186.20 रु० 5. 996960 रु० 6. 99989980 किमी 7. 890 रु०
8. 536400 रु० 9. 7275 रु० 10. 541.80 रु०

अभ्यास 2

1. (d) 2. (d) 3. (a) 4. (a)
5. (d) 6. (a) 7. (d) 8. (b)

4 भाग (Division)

भाग करने की विधियाँ वैदिक सूत्रों ''निखिलम् नवत: चरमं दशतं:'', ''परावर्त्य योजयेत्'' तथा ''उर्ध्व तिर्यग्भ्याम्'' पर आधारित हैं। उर्ध्व तिर्यक इस सूत्र को ''सभी सूत्रों का शिखर रत्न'' कहा गया है। अन्य विधियों की कुछ सीमाएँ है कि वे किसी विशेष प्रकार की समस्या पर ही उपयोगी है। जबकि दूसरी ओर ''उर्ध्व तिर्यक'' एक सामान्य विधि है तथा पारम्परिक विधि की तुलना में सरल व जल्दी समस्या हल करती है।

भाग की सभी वैदिक विधियाँ नीचे वर्णित हैं।

निखिलम् सूत्र की सहायता से भाग (Division by Nikhilum Sutra)

भाज्य (dividends) को भाजक (divisior) से भाग करने की विधि को निम्न चरणों में विभाजित किया गया है या हम कह सकते है कि भाग की गणना निम्न चरणों पर आधारित है

चरण I सबसे पहले भाज्य की सबसे दायीं ओर का अंक या अंकों के समूह को एक तिर्यक रेखा (Slash) खींचकर अलग करते है जिनकी संख्या भाजक में अकों की संख्या के समान होती है। इस खण्ड को शेषफल खण्ड कहते है तथा बायीं ओर के खण्ड को भागफल खण्ड कहते है।

चरण II भागफल खण्ड में पहले बाएँ खण्ड के अंकों का योग दाएँ अंकों के खण्ड के नीचे लिखते है।

चरण III भागफल खण्ड के दायीं ओर के अंक को छोड़कर शेष अंकों का योग ज्ञात करते हैं तथा इस योग को भागफल खण्ड में लिखते है तथा इस प्रक्रिया को सबसे बाएँ अंक तक जारी रखते है।

चरण IV दाएँ व बाएँ खण्ड के अकों का योग ज्ञात करते है, प्राप्त परिणाम का बायाँ भाग भागफल तथा शेष भाग शेषफल होता है।

चरण V यदि शेषफल, भाजक से ज्यादा हो, तो यह प्रक्रिया शेषफल खण्ड में तब, तक चलती है जब तक शेषफल, भाजक से कम ना हो जाए।

यह प्रक्रिया निम्न उदाहरणों से अधिक स्पष्ट हो जाएगी।

उदाहरण 1. 4657 ÷ 9 *को सरल कीजिए।*

हल

9	4	6	5		7
		5	0	1	5
	5	1	5	2	2
					2
				2	4
	5	1	7		4

∴ भागफल = 517 तथा शेषफल = 4

सबसे पहले हम सबसे दायीं ओर के अंक 7 को एक तिर्यक रेखा (Slash) खींचकर अलग करते है (∵ भाजक में केवल एक अंक है)। अब बाएँ भाग के अंकों का योग (4 + 6 + 5) = 15 दाएँ खण्ड के नीचे रखते है। अब बाएँ खण्ड के सबसे दाएँ अंक को छोडकर सभी अंकों का योग ज्ञात करते है तथा सबसे दाएँ अंक के नीचे इसे लिखते है तथा यह प्रक्रिया जारी रखते है। अब 465 व 50 का योग ज्ञात करते है जो 515 है तथा 7 व 15 का योग ज्ञात करते है जो 22 है परन्तु यह भाजक से ज्यादा हैं। इसलिए हम यह प्रक्रिया भाजक से कम शेषफल ज्ञात होने तक जारी रखते है।

उदाहरण 2. 14268 ÷ 867 *को सरल कीजिए।*

हल

867	14		2 6 8
133	1		3 3
			6 6 5
	15	1	2 6 3
			1 3 3
	16		3 9 6

$10 - 7 = 3,\ 9 - 6 = 3,\ 9 - 8 = 1$

$1 \times 133 = 133,\ 1 + 4 = 5$

$5 \times 133 = 665,\ 1 + 15 = 16.$

∴ भागफल = 16 तथा शेषफल = 396

परावर्त्य योजयेत् की सहायता से भाग (Division using "Paravartya Yojayet")

पिछले सूत्र में यह स्पष्ट हो गया था कि निखिलम् सूत्र का उपयोग अधिक उपयोगी है जब भाज्य व भाजक बड़े हो, इसके अलावा यह सूत्र उपयोगी नहीं है जब भाजक में छोटे अंक हो। इसलिए हमें एक ऐसे सूत्र की आवश्यकता है जो दूसरी दशाओं की भी पूर्ति करे। ''परावर्त्य योजयेत्'' एक ऐसा ही सूत्र है जिसकी हमें आवश्यकता थी इस सूत्र का अर्थ ''पक्षान्तरण तथा समायोजन'' है।

यह विधि अधिक उपयोगी होती है यदि भाजक 10 या 10 के गुणक के निकट हो। इस विधि में हम निम्न चरणों का अनुपालन करते है।

चरण I भाजक के बायीं ओर के अंक को छोड़कर सभी अंकों के चिन्ह परिवर्तित करते है।

चरण II एक उर्ध्वाधर रेखा भाज्य के अंकों को इस प्रकार विभाजित करती है कि दाएँ खण्ड में अंकों की संख्या भाजक के उन अंकों जिनके चिन्ह परिवर्तित किए गए है, की संख्या के समान हों।

चरण III शेष प्रक्रिया पहले जैसी ही है।

जो निम्न उदाहरणों से अधिक स्पष्ट हो जाएगी।

उदाहरण 3. 256 ÷ 11 *को सरल कीजिए।*

हल

11	2	5	6
$\bar{1}$		$\bar{2}$	$\bar{3}$
	2	3	3

1 को $\bar{1}$ में परिवर्तित करते हैं तथा इसे 11 के नीचे लिखतें हैं 2 को नीचे लाया जाता है।

$2 \times \bar{1} = \bar{2}$ जोकि अगले अंक 5 के नीचे लिखा जाता है। $5 + \bar{2} = 3$ जोकि अगले उत्तर का अंक है। $3 \times \bar{1} = \bar{3}$, $6 + \bar{3} = 3$ जो शेषफल प्रदान करता है।

∴ भागफल = 23 तथा शेषफल = 3

उदाहरण 4. 23689 ÷ 112 *को सरल कीजिए।*

हल

112 $\bar{1}\,\bar{2}$	236 $\bar{2}\bar{4}$	89
	$\bar{1}$	$\bar{2}$ $\bar{1}\,\bar{2}$
	211	$5\,7$

$2 \times \bar{1}\bar{2} = \bar{2}\bar{4}$ तथा इसे भाज्य के अगले दो अंकों 3 व 6 के नीचे लिखा जाता है। दूसरे स्तम्भ को जोड़ते है। $3 + \bar{2} = 1$, जोकि अगला उत्तर अंक है।

$1 \times \bar{1}\,\bar{2} = \bar{1}\bar{2}$ जिसे 6 व 8 के नीचे लिखा जाता है। तीसरे स्तम्भ का योग $6 + \bar{4} + \bar{1} = 1$ है जो तीसरा उत्तर अंक है। $1 \times \bar{1}\,\bar{2} = \bar{1}\,\bar{2}$ जोकि आखिरी भाज्य अंक के नीचे लिखा जाता है। शेषफल का योग ज्ञात करते है। $9 + \bar{2} = 7$ तथा $8 + \bar{2} + \bar{1} = 5$

अत: भागफल = 211 तथा शेषफल = 57

"उर्ध्व तिर्यगभ्याम्" की सहायता से भाग (Division using "Urdhva Triyagbhyam")

इस सूत्र के उपयोग से यह विधि अत्यन्त सरल है। इस विधि को प्रयोग में लाने के लिए निम्न चरणों का पालन करते है।

चरण I एक तिर्यक रेखा द्वारा भाजक को दो भागों में विभाजित करते है। दाएँ भाग को ध्वजांक कहते है।

चरण II भाज्य को पारम्परिक विधि के अनुसार ही भाजक के सामने लिखते है। परन्तु अंकों में उपयुक्त अन्तराल रखते है। ताकि हम अगली दो पंक्तियों से अधिक स्पष्ट तरीके से उनके नीचे लिख सके। भाज्य को भी एक तिरछी रेखा द्वारा दो भागों में बाँटते हैं ताकि दाँए भाग में अंकों की संख्या, भाजक के अंको की संख्या के बराबर है।

चरण III अगली दो पंक्तियों को मध्यवर्ती सकल भाज्य (Gross Dividend) तथा मध्यवर्ती वास्तविक भाज्य को लिखने के लिए निर्धारित करते है। भाज्य के ऊपर भागफल लिखने के लिए स्थान रखते है।

चरण IV अब, भाजक के प्रथम दो अंक "वास्तविक भाज्य" वाली पंक्ति में लिखते हैं।

चरण V इस संख्या को भाजक के पहले अंक से विभाजित करते है। भागफल को उसके प्रायिक स्थान पर लिखते हैं। शेषफल को "सकल भाज्य" की पंक्ति में लिखते हैं।

चरण VI "मुख्य भाज्य" के अगले अंक को नीचे चरण V के शेषफल के दायीं ओर लिखते हैं। ये दोनों अंक मिलकर "सकल भाज्य" संख्या बनाते हैं।

चरण VII "वास्तविक भाज्य", इस सकल भाज्य व पिछले भागफल व ध्वाजंक के गुणनफल के अन्तर के बराबर होता है। इसे " वास्तविक भाज्य" की पंक्ति में सकल भाज्य के ठीक नीचे लिखते है।

चरण VIII उपरोक्त अन्तर से भाजक के प्रथम अंक को भाग करते हैं। भागफल को ऊपर शीर्ष रेखा में तथा शेषफल से "सकल भाज्य" की पंक्ति में लिखते हैं "मुख्य भाज्य" के प्रथम अंक को इस शेष के दायीं ओर लिखते है। "वास्तविक भाज्य" को ज्ञात करते हैं तथा उसे उपयुक्त स्थान पर लिखते है।

चरण IX इस प्रक्रिया को तब तक जारी रखते हैं जब तक मुख्य भाज्य के सभी अंक समाप्त न हो जाए। सबसे ऊपर की रेखा की संख्या भागफल है तथा ''वास्तविक भाज्य'' तिरछी रेखा के बाद की संख्या शेषफल होती है।

उदाहरण 5. 38983 ÷ 73 *को हल कीजिए।*

हल उपरोक्त विधि के चरणों के अनुपालन करने से

		5 3 4
	7/3	3 8 9 8/5
संकल भाज्य →		39 38/13
वास्तविक भाज्य →		3 8 2 4 29/3

∴ भागफल = 534 तथा शेषफल = 3

उदाहरण 6. 56378 ÷ 49 *को हल कीजिए।*

हल

		1150
	4/9	5 6 3 7/8
संकल भाज्य →		16 33 47/28
वास्तविक भाज्य →		5 7 24 2/28

∴ भागफल = 1150 तथा शेषफल = 28

यदि भाज्य, भाजक से पूर्णत: विभाजित ना हो। यह सम्भव हो, कि भागफल को दशमलव भिन्न के रूप में ज्ञात कर सकें; तो निम्न चरणों का अनुपालन करते है।

चरण I पूर्णांक से भाग तक की भाजन प्रक्रिया उपरोक्त जैसे ही रहती है।

चरण II ''सकल भाज्य'' 'वास्तविक भाज्य' व भागफल लिखने के लिए स्थान लेते हैं।

चरण III उत्तर को दशमलव रुप में प्राप्त करने के लिए पहले वर्णित विधि को पुन: चालू करते है।

चरण IV भागफल में अन्तिम अंक के बाद दशमलव लगाते हैं। अब संख्या में अतिरिक्त शून्य लगाते है (जितने अंकों तक उत्तर चाहिए, उतने ही शून्य लगाते हैं)।

चरण V दशमलव लगाने से पहले तक के भाज्य को भाजक के प्रथम अंक द्वारा विभाजित करते हैं। इससे प्राप्त भागफल को भागफल रेखा में दशमलव के बाद लिखते है। पहले के प्रकार से ही शेषफल को 'संकल भाज्य' में लिखते हैं तथा दूसरे शून्य को नीचे इस शेषफल के दायीं ओर लिखते हैं। ''वास्तविक भाज्य'' को पहले की भाँति ज्ञात करके ''वास्तविक भाज्य'' वाली पंक्ति में ही लिखते हैं।

चरण VI यह प्रक्रिया तब तक जारी रखते हैं जब तक तिरछी रेखा के बाद के सभी शून्य समाप्त न हो जाए। इससे प्राप्त उत्तर हमारा अभीष्ट भागफल होता है।

उदाहरण 7. 220 *को* 52 *से विभाजित दशमलव में* 3 *स्थानों तक कीजिए।*

हल

	04. 2308
5/2	22 / 0 0 0 0
	22/20 20 10 40
	22/12 16 04 40

∴ भागफल = 04.231

विशेष दशा (Special Case)

यदि भाजक तीन अंकों का हो

समस्त प्रक्रिया पहले वर्णित जैसी ही रहती है। केवल जटिलता बढ़ जाती है। अन्तर केवल ''वास्तविक भाज्य'' का ''संकल भाज्य'' से ज्ञात करने में आता है। हम निम्न चरणों का अनुपालन करते हैं।

चरण I यहाँ, भाजक में दायीं ओर से दो अंक बाद तिरछी रेखा खींची जाती हैं इस दशा में हमे दो अंकों वाली संख्याओं के पहाड़ें याद रखने आवश्यक है। यहाँ ध्वजांक में दो अंक है।

चरण II भाज्य में भी दायीं ओर से दो अंक बाद भाजक के समान तिरछी रेखा खीचते हैं। उपरोक्त के अनुसार दायाँ भाग शेषफल तथा बायां भाग भागफल प्रदान करता है।

चरण III ''वास्तविक भाज्य'', पंक्ति में मुख्य भाज्य के प्रथम अंक को लिखते हैं। इसे भाजक के प्रथम अंक से विभाजित करते है। भागफल शीर्ष में तथा शेषफल को संकल भाज्य में लिखते हैं। मुख्य भाज्य से एक अगले अंक को शेषफल के दायीं ओर लिखते हैं। यहाँ तक की प्रक्रिया पूर्वत: ही थी।

चरण IV ''वास्तविक भाज्य'' ज्ञात करने के लिए ''संकल भाज्य'' में से पहले भागफल व ध्वजांक के पहले अंक के गुणनफल को घटातें हैं।

चरण V उपरोक्त वास्तविक भाज्य को भाजक से भाग करके संकल भाज्य व भागफल प्राप्त होता है। इस सकल भाज्य में से पिछले भागफल अंक में ध्वजांक के पहले अंक की गुणा व अन्तिम भागफल अंक व ध्वजांक के दूसरे अंक के गुणनफल के योग को घटाते है।

चरण VI शेष प्रक्रिया समान ही रहती है। परन्तु शेषफल ज्ञात करने के लिए, भागफल रेखा में शून्य मानते है।

उदाहरण 8. $7031985 \div 823$ *को हल कीजिए।*

हल

```
        08544
8/23 | 7  0  3  1  9 / 8  5
     |    70 63 71 59 / 18 285
       7 70 47 37 36 / 28 273
```

$\therefore$ भागफल = 85 44

तथा शेषफल = 273

बहुपदों का भाग (Division of Polynomials)

एक बहुपद को दूसरे बहुपद से भाग करने के लिए ''परावर्त्य योजयेत् '' तथा ''उर्ध्व तिर्यगभ्याम्'' सूत्रों का प्रयोग करते हैं। ''परावर्त्य योजयेत्'' का अर्थ ''पक्षान्तरण तथा समायोजन''है व ''उर्ध्व तिर्यगभ्याम्'' का अर्थ ''उर्ध्व व तिर्यक'' है। यहाँ पर हम ''उर्ध्व तिर्यग्भ्याम् सूत्र के उपयोग को सीखेंगे जो निम्न उदाहरण में वर्णित है।

उदाहरण 9. $x^2 + 4x + 5$ *को* $x + 2$ *से भाग कीजिए।*

हल यहाँ भाज्य व भाजक के प्रथम पद x^2 व x है।

$\therefore$ भागफल का प्रथम पद $= \dfrac{x^2}{x} = x$

अब x को 2 से गुणा करके $2x$ प्राप्त करते हैं परन्तु हमें $4x$ चाहिए जोकि $2x$ को दो बार जोड़नें पर प्राप्त होगा। इसलिए भागफल का दूसरा पद 2 है। अब शेषफल ज्ञात करने के लिए भागफल के दूसरे पद को 2 से गुणा करते हैं तथा गुणनफल 4 है।

इसलिए शेषफल = 1

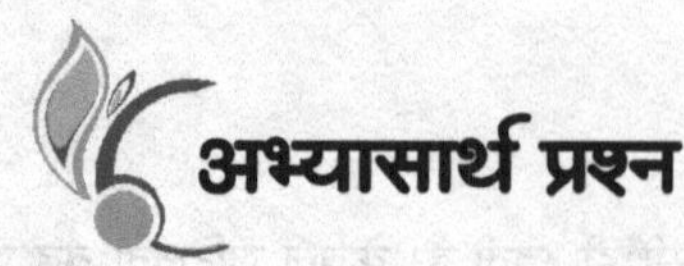

अभ्यासार्थ प्रश्न

1. 'निखिलम् विधि' से सरल कीजिए।

(i) $121 \div 88$	(ii) $1111 \div 779$
(iii) $1555 \div 893$	(iv) $1248 \div 987$
(v) $13103 \div 8907$	(vi) $12034 \div 79$
(vii) $2401 \div 76$	(viii) $1212 \div 84$
(ix) $1313 \div 87$	(x) $19234 \div 83$

2. 'परावर्त्य विधि' से सरल कीजिए।

(i) $14318 \div 13$	(ii) $399888 \div 12$
(iii) $29694 \div 14$	(iv) $363759 \div 12$
(v) $10569 \div 103$	(vi) $10453 \div 102$
(vii) $12343 \div 1112$	(viii) $13981 \div 1363$
(ix) $281118 \div 1003$	(x) $25953 \div 123$

3. 'उर्ध्व तिर्यक' विधि से सरल कीजिए।

(i) $24743 \div 62$	(ii) $3300 \div 34$
(iii) $785672 \div 87$	(iv) $54 \div 57$
(v) $105.8 \div 23$	(vi) $7667.82 \div 88$
(vii) $62032 \div 67$	(viii) $3.96 \div 3.1$
(ix) $8888 \div 72$	(x) $1231 \div 5.13.$

निम्न शाब्दिक समस्याओं को उर्ध्व तिर्यक विधि से हल कीजिए।

4. एक छात्र एक परीक्षा में 2700 में से 1836 अंक प्राप्त करता है। अंकों का प्रतिशत ज्ञात कीजिए।
5. एक कार 45 मिनट में 48.75 किमी की दूरी तय करती है। कार की चाल किमी/घण्टा में ज्ञात कीजिए।
6. एक क्रिकेटर 63 मैचों में 7567 रन बनाता है। उसका औसत दशमलव के दो स्थानों तक ज्ञात कीजिए।
7. एक व्यापारी कुछ सामान 88000 रु० में खरीदकर 98650 रु० में बेचता है। उसका लाभ प्रतिशत ज्ञात कीजिए। (दशमलव के दो स्थान तक ज्ञात कीजिए।)
8. एक कम्पनी की शाखा में 53 अफसर है। उनका कुल वेतन 419000 रु० है। उनका एक माह का औसत एक माह का वेतन प्रति अफसर ज्ञात कीजिए।
9. एक इन्जीनियरिंग कॉलिज में 1367 लड़के व 78 लड़कियाँ है। लड़कों का लड़कियों से अनुपात ज्ञात कीजिए। (दशमलव के 2 स्थानों तक ज्ञात कीजिए)
10. एक वायुयान 245 किमी/घण्टे की चाल से चलकर 1082 किमी की दूरी तय करने में कितना समय लेगा ? (दशमलव के तीन स्थानों तक ज्ञात कीजिए)

उत्तरमाला

	भागफल	शेषफल		भागफल	शेषफल
1. (i)	1	33	(ii)	1	332
(iii)	1	662	(iv)	1	261
(v)	1	4196	(vi)	152	26
(vii)	31	45	(viii)	14	36
(ix)	15	8	(x)	231	61
2. (i)	1101	5	(ii)	33324	0
(iii)	2121	0	(iv)	30313	3
(v)	102	63	(vi)	102	49
(vii)	11	111	(viii)	10	351
(ix)	280	278	(x)	211	0
3. (i)	399	5	(ii)	97	2
(iii)	9030	62	(iv)	0.9474	—
(v)	4.5652	—	(vi)	87.13 43	—
(vii)	925. 851	—	(viii)	1.2774	—
(ix)	123.4444	—	(x)	23.5867	—

4. 68% **5.** 65 किमी/घण्टा **6.** 120.11 **7.** 12.10%

8. 7905रु० **9.** 17.52 **10.** 4.416 घण्टे

विभाज्यता (Divisibility)

एक संख्या को किसी दूसरी संख्या से विभाज्य कहा जा सकता है, यदि शेषफल शून्य हो जब पहली संख्या को दूसरी संख्या से भाग किया जाता है। यहाँ कुछ वैदिक विधियों का वर्णन किया गया है जिनकी सहायता से किसी भी संख्या की विभाज्यता की जाँच की जा सकती है। इन विधियों का अध्ययन करने से पहले हमें आश्लेषकों (Osculator) के बारे में जानना चाहिए।

यहाँ निम्न दो प्रकार के आश्लेषक होते हैं

(i) धनात्मक आश्लेषक

(ii) ऋणात्मक आश्लेषक

(i) धनात्मक आश्लेषक (Positive Osculator)

धनात्मक आश्लेषकों को ज्ञात करने के लिए वैदिक सूत्र ''एकाधिकेन'' का प्रयोग करते है।

''एकाधिक'' ज्ञात करने के लिए निम्न बिन्दुओं को ध्यान में रखते हैं

(a) 9, 19, 29, 39, ... के साथ समाप्त होने वाले भाजकों के एकाधिक क्रमश: 1, 2, 3, 4, ... होते हैं।

(b) 3, 13, 23, 33, ... के साथ समाप्त होने वाले भाजकों के एकाधिक क्रमश: 1, 4, 7, 10, ... होते है।

(c) 7, 17, 27, 37, ... के साथ समाप्त होने वाले भाजकों के एकाधिक क्रमश: 5, 12, 19, ... होते हैं।

(d) 1, 11, 21 के साथ समाप्त होने वाले भाजकों के एकाधिक क्रमश: 1, 10, 19, ... होते हैं।

(ii) ऋणात्मक आश्लेषक (Negative Osculator)

ऋणात्मक आश्लेषकों को सरलता से ज्ञात किया जा सकता है जिनकी विधि का वर्णन निम्न बिन्दुओं में किया गया है

(a) अंक 1 के साथ समाप्त होने वाली संख्याओं का ऋणात्मक आश्लेषक अन्तिम अंक (दायीं ओर से) छोड़ने पर प्राप्त होता है।

इस प्रकार 11, 12, 13, ... के ऋणात्मक आश्लेषक क्रमश: 1, 2, 3, ... है।

(b) अंक 7 के साथ समाप्त होने वाली संख्याओं में पहले संख्या को 3 से गुणा किया जाता है फिर परिणाम में अन्तिम अंक को छोड़कर ऋणात्मक आश्लेषक ज्ञात किया जा सकता है। जैसे 17 को 3 से गुणा किया, तो परिणाम 51 प्राप्त हुआ, अब 1 (अन्तिम अंक) को छोड देते हैं, तब ऋणात्मक आश्लेषक 5 है।

(c) उपरोक्तानुसार अंक 3 के साथ समाप्त होने वाली संख्याओं का ऋणात्मक आश्लेषक ज्ञात कर सकते हैं। इसमें संख्या को 7 से गुणा किया जाता है तथा शेष विधि उपरोक्तानुसार ही होती है।

(d) अंक 9 के साथ समाप्त होने वाली संख्याओं का ऋणात्मक आश्लेषक ज्ञात करने के लिए संख्या को 9 से गुणा करते हैं तथा शेष विधि उपरोक्तानुसार होती है।

धनात्मक आश्लेषक का प्रयोग करके विभाज्यता की जाँच
(To Check the Divisibility Using Positive Osculator)

धनात्मक आश्लेषकों का प्रयोग करके विभाज्यता की जाँच में एक सरल प्रक्रिया (गुणन, आश्लेषक तथा योग) भी करते हैं जिसे निम्न उदाहरणों की सहायता से सरलता समझा जा सकता है।

उदाहरण 1. *जाँच कीजिए कि, क्या* 117649, 7 *से भाज्य है ?*

हल चूँकि 7 का आश्लेषक 5 है।

$$(7 \times 7 = 49,\ 4 + 1 = 5)$$

अब, $5 \times 9 = 45,\ 45 + 4 = 49$

(आश्लेषक को प्रथम अंक के साथ गुणा करते हैं तथा परिणाम को दी गई संख्या के अगले अंक के साथ जोड़ा जाता है)

$$5 \times 9 = 45,\ 45 + 4 = 49,\ 49 + 6 = 55$$

(आश्लेषक को परिणामी संख्या 49 के पहले अंक अर्थात् 9 के साथ गुणा किया जाता है, शेष अंक को परिणामी में जोड़ा जाता है। इस परिणामी को दी गई संख्या के अगले अंक 6 में जोड़ा जाता है।

इस प्रक्रिया को दी गई संख्या के अन्तिम अंक तक दोहराया जाता है।

$$5 \times 5 = 25,\ 25 + 5 = 30,\ 30 + 7 = 37$$

$$5 \times 7 = 35,\ 35 + 3 = 38,\ 38 + 1 = 39$$

$$5 \times 9 = 45,\ 45 + 3 = 48,\ 48 + 1 = 49$$

1	1	7	6	4	9
(49)	(39)	(37)	(55)	(49)	

चूँकि अन्तिम आश्लेषित मान 49 है जोकि 7 से भाज्य है। अत: दी गई संख्या 7 से भाज्य है।

उदाहरण 2. 1114048 *की* 13 *से भाज्यता की जाँच कीजिए।*

हल चूँकि आश्लेषक 4 है।

$$4 \times 8 = 32,\ 32 + 4 = 36$$

$$4 \times 6 = 24,\ 24 + 3 = 27,\ 27 + 0 = 27$$

$$4 \times 7 = 28,\ 28 + 2 = 30,\ 30 + 4 = 34$$

$$4 \times 4 = 16,\ 16 + 3 = 19,\ 19 + 1 = 20$$

$$4 \times 0 = 0,\ 0 + 2 = 2,\ 2 + 1 = 3$$

$$4 \times 3 = 12,\ 12 + 1 = 13$$

1	1	1	4	0	4	8
(13)	(3)	(20)	(34)	(27)	(36)	

चूँकि अन्तिम आश्लेषक 13 है जोकि 13 से भाज्य है। इसलिए दी गई संख्या 13 से भाज्य है।

ऋणात्मक आश्लेषक की सहायता से विभाज्यता की जाँच

(To Check Divisibility Using Negative Osculators)

ऋणात्मक आश्लेषक की सहायता से विभाज्यता की जाँच की प्रक्रिया निम्न उदाहरणों में वर्णित है

उदाहरण 3. 2248091 *की* 131 *से विभाज्यता की जाँच कीजिए।*

हल सबसे पहले दायें ओर से बायीं ओर सम स्थानों के अंकों को (–) बार से चिन्हित करते हैं तथा ऋणात्मक आश्लेषक 13 है।

$$2 \quad \bar{2} \quad 4 \quad \bar{8} \quad 0 \quad \bar{9} \quad 1$$

$$(0) \quad (20) \quad (42) \quad (13) \quad (52) \quad (4)$$

$$13 \times 1 = 13, 13 - 9 = 4$$

$$13 \times 4 = 52,\ 52 + 0 = 52$$

$$13 \times 2 = 26,\ 26 - 5 = 21,\ 21 - 8 = 13$$

$$13 \times 3 = 39,\ 39 - 1 = 38,\ 38 + 4 = 42$$

$$13 \times 2 = 26,\ 26 - 4 = 22,\ 22 - 2 = 20$$

$$13 \times 0 = 0,\ 0 + 2 = 2,\ 2 - 2 = 0$$

इस विधि में, चिन्हित संख्याओं को योग (पिछली विधि में) के स्थान पर घटाते हैं तथा परिणामी के अन्तिम अंक को छोड़कर शेष अंक को घटाते हैं चूँकि अन्तिम आश्लेषित मान 0 है। इसलिए दी गई संख्या 13 से भाज्य है।

उदाहरण 4. 6005746 *की* 67 *से विभाज्यता की जाँच कीजिए।*

हल चूँकि 67 का आश्लेषक 20 है।

$$6 \quad \bar{0} \quad 0 \quad \bar{5} \quad 7 \quad \bar{4} \quad 6$$

$$(-134) \quad (-7) \quad (70) \quad (104) \quad (116) \quad (116)$$

अब,

$$20 \times 6 = 120,\ 120 - 4 = 116$$

$$20 \times 6 = 120,\ 120 - 11 = 109,\ 109 + 7 = 116$$

$$20 \times 6 = 120,\ 120 - 11 = 109,\ 109 - 5 = 104$$

$$20 \times 4 = 80,\ 80 - 10 = 70,\ 70 + 0 = 70$$

$$20 \times 0 = 0,\ 0 - 7 = -7,\ -7 + 0 = -7$$

$$20 \times 7 = 140,\ 140 + 0 = 140,\ -140 + 6 = -134$$

चूँकि 134, 67 से भाज्य है। इस प्रकार दी गई संख्या 67 से भाज्य है।

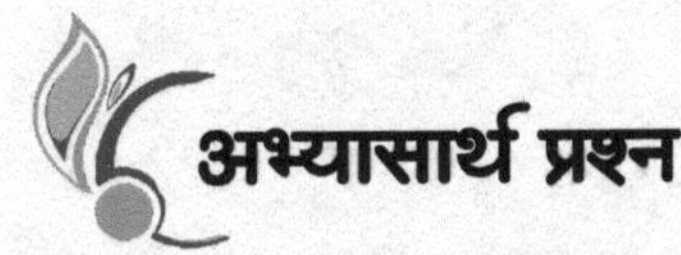

अभ्यासार्थ प्रश्न

1. धनात्मक आश्लेषक का प्रयोग करके निम्न संख्याओं की भाज्यता की जाँच कीजिए।

(i) 668868 को 17 से | (ii) 411723 को 23 से
(iii) 3380246 को 37 से | (iv) 88666326 को 189 से
(v) 5293240096 को 139 से | (vi) 79158435267 को 229 से
(vii) 6056200566 को 283 से | (viii) 739260251 को 347 से
(ix) 8673117259 को 359 से | (x) 885648437 को 367 से

2. ऋणात्मक आश्लेषक का प्रयोग करके निम्न संख्याओं की भाज्यता की जाँच कीजिए।

(i) 36578684 को 81 से | (ii) 1685159 को 119 से
(iii) 168540054 को 53 से | (iv) 3104305 को 79 से
(v) 4902228096 को 433 से | (vi) 5188888837 को 467 से
(vii) 2093172670510192 को 991 से | (viii) 47946654391 को 421 से
(ix) 147932463 को 391 से | (x) 14724934560 को 371 से

उत्तरमाला

1. (i) नहीं (ii) हाँ (iii) हाँ (iv) नहीं
(v) हाँ (vi) हाँ (vii) हाँ (viii) हाँ
(ix) हाँ (x) हाँ

2. (i) नहीं (ii) हाँ (iii) नहीं (iv) हाँ
(v) नहीं (vi) हाँ (vii) हाँ (viii) नहीं
(ix) नहीं (x) नहीं

वर्ग तथा वर्गमूल (Square and Square Root)

किसी संख्या के वर्ग से तात्पर्य है कि उस संख्या की स्वयं से गुणा करने पर प्राप्त परिणाम, उस संख्या का वर्ग होती है। हम गुणन की कुछ विधियों का अध्ययन कर चुके हैं इसलिए किसी संख्या का वर्ग इन्हीं विधियों की पुनरावृत्ति है। किसी संख्या का वर्ग ज्ञात करने की विभिन्न विधियाँ हैं परन्तु उनमें से कुछ की परिसीमा होती है।

यावदूनम् विधि से वर्ग (Square using Yavadunam Method)

वैदिक सूत्र ''यावदूनम् तावदूनी कृत्य वर्ग च योजयेत्'' का प्रयोग करके किसी संख्या का वर्ग ज्ञात किया जा सकता है। इस सूत्र की कुछ परिसीमाएँ हैं। जिसके कारण इसकी कुछ दशाएँ निम्न हैं

दशा I इस सूत्र का प्रयोग उन संख्याओं के वर्ग में किया जाता है जो अपने आधार के निकट हो तथा उससे कम हो। इस विधि में निम्न चरणों का अनुपालन करना पड़ता है।

चरण I निकटतम क्रियात्मक आधार से संख्या का घटाव ज्ञात करते हैं।

चरण II इस घटाव को संख्या में से घटाकर परिणामी का बायाँ खण्ड प्राप्त करते हैं।

चरण III घटाव संख्या का वर्ग करते हैं जिसमें अंकों की संख्या आधार के अंकों की संख्या के बराबर होती है।

इससे परिणामी का दायाँ खण्ड प्राप्त होता है।

इस प्रक्रिया में हासिलों का सदैव ध्यान रखना चाहिए।

उदाहरण 1. 96 *का वर्ग ज्ञात कीजिए।*

हल निकटतम क्रियात्मक आधार 100 है।

$\therefore$ 100 से संख्या 96 का घटाव 4 है।

$\therefore$ परिणामी का बायाँ खण्ड $= 96 - 4$

$= 92$

तथा परिणामी का दायाँ खण्ड $= (4)^2 = 16$

अतः $(96)^2 = 92/16$

$= 92/6$

उदाहरण 2. 9893 *का वर्ग ज्ञात कीजिए।*

हल $\because$ निकटतम आधार 10000 है

$\therefore$ 10000 से घटाव $= 10000 - 9893$

$= 102$

परिणामी का बायाँ खण्ड $= 9893 - 107$

$= 9786$

तथा परिणामी का दायाँ खण्ड $= (107)^2$

$= 11449$

(इस खण्ड में केवल चार अंक हो सकते हैं चूँकि आधार में केवल चार शून्य हैं)

$\therefore$ $(9893)^2 = 9786 / 11449$

$= 9786 / 11449$

$= 97871449$

दशा II इस दशा में संख्याएँ क्रियात्मक आधार से बड़ी होती हैं। किसी का वर्ग ज्ञात करने में निम्न चरणों का अनुपालन करते हैं

चरण I संख्या का निकटतम क्रियात्मक आधार से अधिकाय ज्ञात करते हैं।

चरण II इस अधिकाय को संख्या में जोड़ते हैं तथा शेष प्रक्रिया दशा I जैसी ही है।

उदाहरण 3. 107 *का वर्ग ज्ञात कीजिए।*

हल $\because$ निकटतम आधार 100 है।

$\therefore$ संख्या का अधिकाय $= 107 - 100$

$= 7$

परिणामी का बायाँ खण्ड $= 107 + 7$

$= 114$

तथा परिणामी का दायाँ खण्ड $= (7)^2$

$= 49$

इस प्रकार, $(107)^2 = 114 / 49$

$= 11449$

उदाहरण 4. 1015 *का वर्ग ज्ञात कीजिए।*

हल निकटतम क्रियात्मक आधार 1000 है।

$\therefore$ 1000 से अधिकाय $= 1015 - 1000$

$= 15$

$\therefore$ परिणामी का बायाँ खण्ड $= 1015 + 15$

$= 1030$

तथा परिणामी का दायाँ खण्ड $= (15)^2$

$= 225$

इस प्रकार, $(1015)^2 = 1030 / 225$

$= 1030225$

दशा III जब किसी संख्या का निकटतम क्रियात्मक आधार से अधिकाय या घटाव ज्यादा अधिक होता है, तो गणना को सरल बनाने के लिए संख्या के निकट ही एक आधार ले लेते हैं तथा गणना करने में निम्न चरणों का अनुपालन करते हैं

चरण I निकटतम आधार के गुणक का आधार लेते हैं।

चरण II अधिकाय (या घटाव) को ज्ञात करते है।

चरण III इस अधिकाय (या घटाव) को दी गई संख्या में जोड़ते (या घटाते) हैं जिसमें परिणामी का बायाँ खण्ड बनाते हैं।

चरण IV इस अधिकाय (या घटाव) का वर्ग करके परिणामी का दायाँ खण्ड प्राप्त करते हैं।

चरण V जिस संख्या का गुणक आधार होता है । उससे बाएँ खण्ड में गुणा करते हैं।

उदाहरण 5. 29 *का वर्ग ज्ञात कीजिए।*

हल निकटतम आधार 30 है जोकि 10 का तीन गुना है।

$\therefore$ संख्या का घटाव $= 30 - 29 = 1$

परिणामी का बायाँ खण्ड $= 3 \times (29 - 1)$

$= 3 \times 28$

$= 84$

तथा परिणामी का दायाँ खण्ड $= 1^2$

$= 1$

इस प्रकार, $(29)^2 = 84 / 1$

$= 841$

एकाधिकेन पूर्वेण द्वारा वर्ग (Square using Ekadhikena Poorvena)

वैदिक सूत्र ''एकाधिकेन पूर्वेण'' का प्रयोण इस विधि में करते हैं। परन्तु इस विधि की परिसीमाएँ हैं अर्थात् इस विधि का प्रयोग उन संख्याओं के वर्ग ज्ञात करने में करते हैं जिनका इकाई का अंक 5 हो।

यह विधि निम्न प्रकार है

माना संख्या $x5$ है, तब इसका वर्ग $x(x+1)/25$ होता है।

उदाहरण 6. 135 *का वर्ग ज्ञात कीजिए।*

हल $(135)^2 = (13 \times 14) / 5^2$

$= 182 / 25$

$= 18225$

''आनुरूप्येण'' द्वारा वर्ग (Square using Anurupyena)

इस विधि में वैदिक सूत्र ''आनुरूप्येण'' का प्रयोग करते हैं। इस विधि की भी कुछ परिसीमाएँ हैं। यह विधि दो या तीन अंकों की संख्याओं के लिए ही उपयोगी है।

दो अंकों की संख्या के लिए

माना संख्या xy है।

$\therefore$ $(xy)^2 = x^2 \; / \; 2xy / \; y^2$

तीन अंकों की संख्या के लिए

माना संख्या yxz है।

$\therefore$ $(xyz)^2 = (xy)^2 \; / \; 2(xy)z \, / \; z^2$

या $x^2 / 2x(yz) / (yz)^2$

उदाहरण 7. 64 *का वर्ग ज्ञात कीजिए।*

हल $(64)^2 = 6^2 / 2\times6\times4 / 4^2$

$= 36 / 48 / 16$

$= 36 / 49 / 6$

$= 4096$

उदाहरण 8. 113 *का वर्ग ज्ञात कीजिए।*

हल $(113)^2 = (11)^2 / 2\times11\times3 / 3^2$

$= 121 / 66 / 9$

$= 12 / 69$

उदाहरण 9. 715 *का वर्ग ज्ञात कीजिए।*

हल $(715)^2 = (7)^2 / 2\times7\times15 / (15)^2$

$= 49 / 210 / 225$

$= 49 / 212 / 25$

$= 511225$

"द्वन्द्व-योग" द्वारा वर्ग (Square using Dwandwa-yoga)

इस विधि को दिक् (Duplex) विधि कहते हैं।

इस विधि का अध्ययन करने से पहले हमें किसी संख्या दिक् (Duplex) के बारे में जानना होगा।

a का दिक् (Duplex) = $\begin{matrix} a \\ a \end{matrix}\uparrow = a\times a$

ab का दिक् (Duplex) = $\begin{matrix} a & & b \\ & \times & \\ a & & b \end{matrix}$

$= a\times b + a\times b$

abc का दिक् (Duplex) = $\begin{matrix} a & b & c \\ & \ast & \\ a & b & c \end{matrix}$

$= a\times c + b\times b + a\times c$

उदाहरणस्वरूप 128 *का दिक्*

$= \begin{matrix} 1 & 2 & 8 \\ & \ast & \\ 1 & 2 & 8 \end{matrix} = 1\times8 + 2\times2 + 1\times8$

$= 8 + 4 + 8$

$= 20$

इस प्रक्रिया को अधिक अंकों तक बढ़ाया जा सकता हैं।

जब एक बार दिक् (Duplex) ज्ञात करने भी प्रक्रिया स्पष्ट हो जाती है, तब किसी संख्या का वर्ग ज्ञात करना बड़ा ही सरल हो जाता है। माना दिक् को D से निरूपित करते हैं तथा a के दिक् को $D(a)$ से निरूपित करते हैं।

$$a^2 = D(a)$$

$$(ab)^2 = D(a)/D(ab)/(b)$$
$$(abc)^3 = D(a)/D(ab)/D(abc)/D(bc)/D(c)$$

इस प्रक्रिया को 4 या अधिक अंकों की संख्या तक बढ़ाया जा सकता है।

उदाहरण 10. 317 *का वर्ग ज्ञात कीजिए।*

हल $(317)^2 = D(3)/D(31)/D(317)/D(17)/D(7)$

$= 9/2(3\times1)/2(3\times7)+(1\times1)/2(1\times7)/49$

$= 9/6/43/14/49$

$= 9/6/43/18/9$

$= 96/44/89$

$= 100489$

उदाहरण 11. 75 *का वर्ग ज्ञात कीजिए।*

हल $(75)^2 = D(7)/D(75)/D(5)$

$= 49/2\times(7\times5)/25$

$= 49/70/25$

$= 56/2/5$

$= 5625$

वर्गमूल (Square Root)

किसी संख्या के वर्गमूल से तात्पर्य है कि वह संख्या जिसे स्वयं से गुणा करने पर दी गई संख्या प्राप्त होती है, तो वह संख्या दी गई संख्या का वर्गमूल होती है। वर्गमूल ज्ञात करने के लिए पारम्परिक विधि में भाजक प्रत्येक चरण में बढ़ता ही जाता है। जिससे गणना के समय के साथ-साथ कठिनाई स्तर भी बढता जाता है। वर्गमूल ज्ञात करने की सरल विधियों का अध्ययन करने से पहले निम्न बिन्दुओं के बारे में जानना चाहिए

(i) वर्गमूल ज्ञात करने के लिए दी गई संख्या को दो-दो अंकों के समूहों में दाएँ से बाएँ ओर समूह बनाते हैं। यदि संख्या में अंकों की संख्या विषम हो, तब सबसे बाएँ वाले समूह में केवल एक अंक होगा। वर्गमूल में अंकों की संख्या का निर्धारण इन अंकों के समूहों की संख्या से लगाया जा सकता है।

(ii) n अंकों वाली संख्या के वर्गमूल में $\frac{n}{2}$ या $\frac{n+1}{2}$ अंक होंगे।

(iii) किसी पूर्णांक के वर्ग के अन्त में या तो 0, 1, 4, 5, 6 या 9 होना चाहिए। यह 2, 3, 7 या 8 के अन्त में समाप्त नहीं होंगे।

(iv) यदि किसी संख्या के अन्त में विषम संख्या में शून्य न हो, तो वह पूर्ण वर्ग संख्या नहीं होगी। किसी संख्या के वर्गमूल ज्ञात करने की विधि में निम्न चरण होते हैं जो निम्न उदाहरणों में वर्णित किए गए हैं।

उदाहरण 12. 529 *का वर्गमूल ज्ञात कीजिए।*

हल

```
   2/3
  ┌────
  │5/29
  │ /209
  ├────
  │ /20
```

चरण I दी गई संख्या को दो अंकों के समूहों में दाई ओर से विभाजित करते है।

चरण II उपरोक्त चित्रानुसार, सारणी को बनाते हैं।

चरण III यहाँ 529 को भली-भाँति भाजन की स्थिति में लिखते हैं। बाईं ओर से पहले समूह के बाद तिरछी रेखा खींचकर संख्या के शेष समूहों से अलग करते हैं।

चरण IV अब हम उत्तर के पहले अंक को ज्ञात करने के लिए तैयार हैं। इसको भागफल रेखा में पहले समूह के ठीक ऊपर लिखते हैं।
यह संख्या सबसे बड़ी एक अंक की संख्या होनी चाहिए। जिसका वर्ग भाज्य रेखा के पहले समूह से कम या उसके बराबर होना चाहिए।

चरण V उपरोक्त चरण में ज्ञात वर्गमूल के पहले अंक से शेष प्रक्रिया के लिए भाजक प्राप्त होता है। इसे दोगुना करते हैं।

चरण VI पहले समूह 5 से पहले भागफल अंक का वर्ग 4 घटाते हैं। शेषफल 1 को सकल (Gross) भाज्य रेखा में लिखते हैं। इसे तिरछी रेखा के दाईं ओर भाज्य रेखा में लिखते हैं।

चरण VII वास्तविक (Net) भाज्य 12 को भाज्य 4 से विभाजित करते हैं। भागफल 3 को तिरछी रेखा के बाद भागफल रेखा में लिखते हैं।

चरण VIII वास्तविक (Net) भाज्य में सकल (Gross) भाज्य भागफुल का दिक् तिरछी रेखा के दाईं ओर लिखते हैं।
इस प्रक्रिया को समूहों के अन्त तक दोहराते हैं
∴ भागफल रेखा में संख्या का वर्गमूल 23 है।

अभ्यासार्थ प्रश्न

अभ्यास 1

1. निम्न संख्याओं का वर्ग ''यावदूनम् विधि'' का प्रयोग करके ज्ञात कीजिए।

(i) 94 (ii) 96
(iii) 998 (iv) 9895
(v) 36 (vi) 110
(vii) 10040 (viii) 1013
(ix) 37 (x) 49
(xi) 34 (xii) 99998
(xiii) 66049 (xiv) 1225
(xv) 8970

2. निम्न संख्याओं का वर्ग ''एकाधिकेन पूर्वेण'' का प्रयोग करके ज्ञात कीजिए।

(i) 25 (ii) 35
(iii) 65 (iv) 95
(v) 185 (vi) 205
(vii) 5095 (viii) 9995
(ix) 10005 (x) 985

3. निम्न संख्याओं का वर्ग ''आनुरूप्येण'' का प्रयोग करके ज्ञात कीजिए।

(i) 46 (ii) 114
(iii) 816 (iv) 460
(v) 717 (vi) 520
(vii) 69 (viii) 215
(ix) 7432 (x) 815

4. निम्न संख्याओं का वर्ग ''द्वन्द-योग'' द्वारा ज्ञात कीजिए।

(i) 3014 (ii) 567
(iii) 723 (iv) 347
(v) 215 (vi) 84029
(vii) 6416 (viii) 210
(ix) 639 (x) 5509

5. निम्न संख्याओं का वर्गमूल ज्ञात कीजिए।

(i) 755 (ii) 258
(iii) 3000 (iv) 7352
(v) 13789 (vi) 9412624
(vii) 1172889 (viii) 4986289
(ix) 611524 (x) 28224
(xi) 7921 (xii) 5329
(xiii) 290521 (xiv) 707281
(xv) 8652

अभ्यास 2

1. $(71)^2 = ?$ **(ओबीसी क्लर्क, 09)**

(a) 5476 (b) 5041
(c) 5329 (d) 4761

2. $(2.5)^2 = ?$ **(ओबीसी क्लर्क, 09)**

(a) 62.5 (b) 0.0625
(c) 6.25 (d) 0.625

3. $(16)^2 + (16)^2 = ?$ **(ओबीसी क्लर्क, 09)**

(a) 512 (b) 256
(c) 4096 (d) 65536

4. यदि $9408 \div \sqrt{x} = 336$, तब x का मान है **(ओबीसी क्लर्क, 09)**

(a) 676 (b) 28
(c) 26 (d) 784

5. यदि $1254 + 1147 = x^2$, तब x का मान है **(ओबीसी क्लर्क, 09)**

(a) 41 (b) 49
(c) 43 (d) 47

6. यदि $\sqrt{x} + 25 = \sqrt{5329}$, तब x का मान है **(ओबीसी क्लर्क, 09)**

(a) 2304 (b) 48
(c) 46 (d) 2116

7. 3333 में न्यूनतम किस संख्या को जोड़ना चाहिए ताकि परिणामी पूर्ण वर्ग हो ? **(ओबीसी क्लर्क, 09)**

(a) 31 (b) 84
(c) 78 (d) 57

8. यदि $\sqrt{x} - 18 = \sqrt{1444}$, तब x का मान है **(सेन्ट्रल बैंक क्लर्क, 09)**

(a) 441 (b) 3136
(c) 400 (d) 484

9. यदि $79296 \div \sqrt{x} = 112 \times 12$, तब x का मान है **(सेन्ट्रल बैंक क्लर्क, 09)**

(a) 3481 (b) 3721
(c) 3969 (d) 3249

10. किसी संख्या के वर्ग में $(57)^2$ जोड़ने पर योगफल 15826 प्राप्त होता है। संख्या है **(सेन्ट्रल बैंक क्लर्क, 09)**

(a) 115 (b) 114
(c) 116 (d) 113

11. यदि $48096 \div \sqrt{x} = 167 \times 9$, तब x का मान है **(इण्डियन ओवरसीज बैंक क्लर्क, 09)**

(a) 1646 (b) 1432
(c) 1024 (d) 1208

12. यदि $\sqrt{x} + 28 = \sqrt{1681}$, तब x का मान है **(इण्डियन ओवरसीज बैंक क्लर्क, 09)**

(a) 13 (b) 225
(c) 169 (d) 15

13. 8200 में कौन-सी न्यूनतम संख्या जोड़नी चाहिए ताकि परिणामी पूर्ण वर्ग हो ? **(इण्डियन ओवरसीज बैंक क्लर्क, 09)**

(a) 81 (b) 100
(c) 264 (d) 154

14. यदि किसी संख्या के वर्ग में $(49)^2$ जोड़ने पर 9125 प्राप्त होता है, तब संख्या है **(इण्डियन ओवरसीज बैंक क्लर्क, 09)**

(a) 6724 (b) 95 (c) 4624 (d) 82

15. यदि $(64)^2 \div 8^2 = x^2$, तब $x = ?$ **(देना बैंक क्लर्क, 09)**

(a) 64 (b) 62 (c) 4 (d) 8

16. $\sqrt{(13)^4} = ?$ **(देना बैंक क्लर्क, 09)**

(a) 520 (b) 169 (c) 28561 (d) 14280

17. $(2704)^{1/2} = ?$ **(देना बैंक क्लर्क, 09)**

(a) 1352 (b) 676 (c) 52 (d) 338

18. $\dfrac{\sqrt{4096} \times 56}{764 - 652} = ?$ **(एसबीआई क्लर्क, 09)**

(a) 36 (b) 48 (c) 32 (d) 44

19. यदि $(94)^2 + x^2 = (145)^2 - (56)^2 - 3869$, तब x का मान है **(देना बैंक क्लर्क, 09)**

(a) 5184 (b) 72 (c) 84 (d) 7056

20. यदि $2432 \div x = \sqrt{23104}$, तब x का मान है **(केनरा बैंक पीओ, 09)**

(a) 12 (b) 14 (c) 18 (d) 16

21. यदि $x^2 + (123)^2 = (246)^2 - (99)^2 - 2462$, तब x का मान है **(केनरा बैंक पीओ, 09)**

(a) 184 (b) 186 (c) 182 (d) 180

22. यदि $[(84)^2 \div 28 \times 12] \div 24 = 7 \times x$, तब x का मान है **(केनरा बैंक पीओ, 09)**

(a) 18 (b) 17 (c) 19 (d) 21

23. यदि $\sqrt{x} = (88 \times 42) \div 16$, तब x का मान है **(आईडीबीआई आफीसर, 07)**

(a) 3696 (b) 39660 (c) 43163 (d) 53361

24. यदि $\sqrt{\sqrt{2500} + \sqrt{961}} = x^2$, तब x का मान है **(केनरा बैंक पीओ, 06)**

(a) 81 (b) 3 (c) 9 (d) 6561

25. यदि $\sqrt{915849} + \sqrt{795664} = x^2$, तब x का मान है **(यूबीआई पीओ, 09)**

(a) 1849 (b) 79 (c) 43 (d) 37

26. 117649 का वर्गमूल है **(मैट, 08)**

(a) 347 (b) 343 (c) 353 (d) 357

27. $\sqrt{248 + \sqrt{52 + \sqrt{144}}}$ का मान है **{एसएससी (जीएल), 04}**

(a) 14 (b) 16 (c) 18 (d) 16.6

28. निम्न समीकरण में प्रश्नचिन्ह (?) के स्थान पर क्या आएगा ?

$$\frac{28}{?} = \frac{?}{112}$$

(a) 70 (b) 56 (c) 48 (d) 64

29. यदि $x = 15$ तथा $y = 20$, तब $\sqrt{x^2 + y^2} = ?$

(a) $\sqrt{(15 + 20)^2}$ (b) 35 (c) 625 (d) 25

30. एक कक्षा का प्रत्येक छात्र उतने गुलाब के फूल लाता है जितने उस कक्षा में छात्र हैं। कुल फूलों की संख्या 576 है, तब उस कक्षा में कुल छात्रों की संख्या है

(a) 23 (b) 24 (c) 25 (d) 26

उत्तरमाला

अभ्यास 1

1. (i) 8836 (ii) 9216 (iii) 636804 (iv) 97515625
(v) 1296 (vi) 12100 (vii) 100801600 (viii) 1026169
(ix) 1369 (x) 2401 (xi) 1156 (xii) 9999600004
(xiii) 4362470401 (xiv) 1500625 (xv) 80460900

2. (i) 625 (ii) 1225 (iii) 4225 (iv) 9025
(v) 34225 (vi) 42025 (vii) 25959025 (viii) 99900025
(ix) 100100025 (x) 970225

3. (i) 2116 (ii) 12996 (iii) 665856 (iv) 21160
(v) 514089 (vi) 270400 (vii) 4761 (viii) 46225
(ix) 55234624 (x) 664225

4. (i) 9084196 (ii) 321489 (iii) 522729 (iv) 120409
(v) 46225 (vi) 7060872841 (vii) 41165056 (viii) 44100
(ix) 408321 (x) 30349081

5. (i) 27.4773 (ii) 16.0624 (iii) 54.7722 (iv) 85.7438
(v) 117.4266 (vi) 3068 (vii) 1083 (viii) 2233
(ix) 782 (x) 168 (xi) 89 (xii) 539
(xiii) 539 (xiv) 841 (xv) 29.4143

अभ्यास 2

1. (b)	**2.** (c)	**3.** (a)	**4.** (d)
5. (b)	**6.** (a)	**7.** (a)	**8.** (b)
9. (a)	**10.** (a)	**11.** (c)	**12.** (c)
13. (a)	**14.** (d)	**15.** (d)	**16.** (b)
17. (c)	**18.** (c)	**19.** (b)	**20.** (d)
21. (c)	**22.** (a)	**23.** (d)	**24.** (b)
25. (c)	**26.** (b)	**27.** (b)	**28.** (b)
29. (d)	**30.** (b)		

घन तथा घनमूल
(Cube and Cube Root)

किसी संख्या के घन से तात्पर्य है कि किसी संख्या को स्वयं से तीन बार गुणा करने पर उस संख्या का घन प्राप्त होता है। घन ज्ञात करने के लिए ''यावदूनम् तथा अनुरूप्येण'' का प्रयोग करते हैं।

यावदूनम् विधि द्वारा घन (Cube using Yavadunam Method)

अपने आधार के निकट किसी संख्या के घन को ज्ञात करने लिए वैदिक सूत्र ''यावदूनम् तावद्नीकृत्य वर्ग च योजयेत्'' का प्रयोग करते हैं। इस सूत्र का उपयोग करने लिए निम्न चरणों का अनुपालन करते हैं

चरण I सबसे पहले आधार मान से घटाव या अधिकाय ज्ञात करते हैं। इसे दोगुना करके इस परिणामी को दी गई संख्या में जोड़ते हैं जिससे परिणामी का बायाँ खण्ड प्राप्त होता है।

चरण II अब नयी प्राप्त संख्या का घटाव या अधिकाय ज्ञात करते हैं तथा इसकी गुणा पहले घटाव या अधिकाय से गुणा करते हैं जिससे परिणामी का मध्य खण्ड प्राप्त होता है।

चरण III प्रारम्भिक घटाव या अधिकाय का घन करते हैं। जिससे परिणामी का दायाँ खण्ड प्राप्त होता है।

घन ज्ञात करने की इस विधि को निम्न उदाहरणों की सहायता से अच्छी प्रकार समझा जा सकता है।

उदाहरण 1. 107 *का घन ज्ञात कीजिए।*

हल ∵ अधिकाय 7 है।

∴ परिणामी का बायाँ खण्ड $= 7 \times 2 + 107$

$= 121$

तथा नई संख्या का अधिकाय $= 21$

∴ परिणामी का मध्य खण्ड $= 21 \times 7 = 147$

तथा परिणामी का दायाँ खण्ड $= (7)^3$

$= 343$

अतः $(107)^3 = 121/147/343$

$= 121/150/43$

$= 1225043$

उदाहरण 2. 998 *का घन ज्ञात कीजिए।*

हल ∵ निकटतम आधार 1000 तथा घटाव 2 है।

∴ परिणामी का बायाँ खण्ड $= -2 \times 2 + 998 = 994$

तथा नयी संख्या का घटाव = 6

$\therefore$ परिणामी का मध्य खण्ड = (–2)(–6)

= 12

तथा परिणामी का दायाँ खण्ड = $(-2)^3$

= –8

चूँकि आधार मान में कुल शून्यों की संख्या तीन है। इसलिए प्रत्येक स्थान पर तीन अंक होने चाहिए।

अत: $(998)^3 = 994 / 012 / (-8)$

$= 994 / 011 / (1000 - 8)$

$= 994 / 011 / 992$

$= 994011992$

अनुरूप्येण विधि द्वारा घन (Cube using Anurupyena Method)

किसी संख्या का घन ज्ञात करने में वैदिक सूत्र ''अनुरूप्येण'' का प्रयोग करते हैं। जिसमें निम्न चरणों का अनुपालन करते हैं

दो अंकों की संख्या के लिए

माना संख्या xy है।

$$\therefore \quad (xy)^3 = x^3 / 3x^2y / 3xy^2 / y^3$$

तथा तीन अंकों की संख्या के लिए

माना संख्या xyz है।

$$\therefore \quad (xyz)^3 = (xy)^3 / 3(xy)^2 z / 3(xy)z^2 / z^3$$

उदाहरण 3. 57 *का घन ज्ञात कीजिए।*

हल $(57)^3 = 5^3 / 3 \times 5^2 \times 7 / 3 \times 5 \times 7^2 / 7^3$

$= 125 / 525 / 735 / 343$

$= 125 / 525 / 769 / 3$

$= 125 / 601 / 93$

$= 185 / 193 = 185193$

उदाहरण 4. 112 *का घन ज्ञात कीजिए।*

हल $(112)^3 = (11)^3 / 3 \times (11)^2 \times 2 / 3 \times 11 \times 2^2 / 2^3$

$= 1331 / 726 / 132 / 8$

$= 1331 / 739 / 2 / 8$

$= 1404928$

इस विधि या सूत्र को चार या अधिक अंकों की संख्याओं तक उपयोग किया जाता है।

घनमूल (Cube Root)

किसी संख्या के घनमूल से तात्पर्य है कि यदि परिणामी को तीन बार स्वयं से गुणा करने पर दी गई संख्या प्राप्त होती है। इसलिए दी गई संख्या का घनमूल परिणामी संख्या होती है।

परन्तु किसी संख्या का घनमूल ज्ञात करना आसान नहीं है। वैदिक सूत्र "अनुरूप्येण" की सहायता से सरल संख्याओं का घनमूल ज्ञात कर सकते हैं परन्तु यह एक कठिन प्रक्रिया है।

निम्न दो सूत्रों को ध्यान में रखते हुए निम्न चरणों का अनुपालन करते हैं।

$$(xy)^3 = x^3 / 3x^2 y / 3xy^2 / y^3$$

तथा

$$(xyz)^3 = (xy)^3 / 3(xy)^2 z / 3(xy)(z^2) / z^3$$

चरण I सबसे पहले दी गई संख्याओं को दायीं ओर से तीन-तीन अंकों वाले खण्डों में विभाजित करते हैं।

चरण II खण्डों की संख्या से घनमूल के अंकों की संख्या निर्धारित होती है। अर्थात् यदि संख्या में दो खण्ड हैं, तब घनमूल में दो अंक होंगे।

चरण III दाएँ खण्ड के इकाई के अंक का घनमूल ज्ञात करते हैं तथ इसे y के बराबर मानते हैं तथा अगले खण्ड के लगभग बराबर घन वाली संख्या ज्ञात करते हैं तथा इसे x मानते हैं तथा इसी प्रकार आगे बढ़ते हैं।

चरण IV अब दी गई संख्या में से दायीं ओर से घटाने के लिए सूत्र का उपयोग करते हैं।

इस विधि को निम्न उदाहरणों की सहायता से समझा जा सकता है।

उदाहरण 5. 357911 *का घनमूल ज्ञात कीजिए।*

हल $\overline{357}\ \overline{911}$

माना $y = 1^{1/3} = 1$ तथा 7 का घनमूल 347 के निकटतम है। इस प्रकार, $x = 7$

अब दी गई संख्या में से y^3 घटाने पर

$$\therefore \quad \begin{array}{r} 357911 \\ -1 \\ \hline 357810 \\ \hline \end{array}$$

अब, अन्तिम शून्य छोड़कर शेष में से $3xy^2$ को घटाने पर

$$\begin{array}{r} 35791 \\ 21 \\ \hline 35770 \\ \hline \end{array}$$

अब, अन्तिम शून्य को छोड़कर शेष में से $3x^2y$ को घटाने पर

$$\begin{array}{r} 3577 \\ 147 \\ \hline 3430 \\ \hline \end{array}$$

अब, अन्तिम शून्य को छोड़कर x^3 घटाने पर

$$\begin{array}{r} 343 \\ 343 \\ \hline 000 \\ \hline \end{array}$$

अत: 357911 का घनमूल = 71

उदाहरण 6. 1685159 *का घनमूल ज्ञात कीजिए।*

हल $\overline{1}\ \overline{685}\ \overline{159}$

चूँकि दी गई संख्या में तीन खण्ड हैं।

माना $z = 9, y = 1$ तथा $x = 1$

अब, दी गई संख्या में से z^3 घटाने पर

$$\begin{array}{r} 1685159 \\ 729 \\ \hline 1684430 \end{array}$$

अब, शून्य को छोड़कर परिणामी में से $3z^2y$ घटाने पर

$$\begin{array}{r} 168443 \\ 243 \\ \hline 168200 \end{array}$$

अब, अन्तिम शून्य को छोड़कर $3(z^2x + zy^2)$ घटाने पर

$$\begin{array}{r} 16820 \\ 270 \\ \hline 16550 \end{array}$$

अब, अन्तिम शून्य को छोड़कर $y^3 + 6xyz$ घटाने पर

$$\begin{array}{r} 1655 \\ 55 \\ \hline 1600 \end{array}$$

अब, अन्तिम शून्य को छोड़कर $3(x^2z + y^2x)$ घटाने पर

$$\begin{array}{r} 160 \\ -30 \\ \hline 130 \end{array}$$

अब, अन्तिम शून्य छोड़कर $3xy^2$ घटाने पर

$$\begin{array}{r} 13 \\ 3 \\ \hline 10 \end{array}$$

अब, अन्तिम शून्य छोड़कर x^3 घटाने पर

$$\begin{array}{r} 1 \\ -1 \\ \hline 0 \end{array}$$

अत: अभीष्ट घनमूल $= 119$

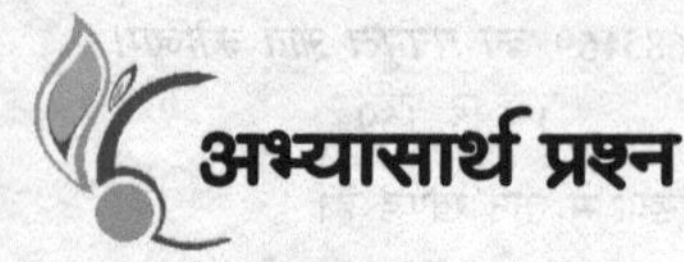

अभ्यासार्थ प्रश्न

अभ्यास 1

1. निम्न संख्याओं का घन ज्ञात कीजिए।

(i) 18 (ii) 35
(iii) 78 (iv) 172
(v) 118 (vi) 1025
(vii) 109 (viii) 997
(ix) 999996 (x) 9995

2. निम्न संख्याओं का घनमूल ज्ञात कीजिए।

(i) 13824 (ii) 1601613
(iii) 1124864 (iv) 884736
(v) 92959677 (vi) 973242271
(vii) 830584 (viii) 250047
(ix) 1685159 (x) 1404928

अभ्यास 2

1. $(13)^3 - (13)^2 = ?$ **(ओबीसी क्लर्क, 09)**

(a) 73 (b) 2028
(c) 169 (d) 39

2. $1152 \div 36 + 9^3 = ?$ **(ओबीसी क्लर्क, 09)**

(a) 749 (b) 7231
(c) 738 (d) 761

3. यदि किसी संख्या के वर्ग में $(14)^3$ जोड़ने पर परिणाम 4425 प्राप्त होता है, तब संख्या है **(ओबीसी क्लर्क, 09)**

(a) 1849 (b) 43
(c) 41 (d) 1681

4. $45^3 \times 11^2 - 3320^2 =$ **(सेन्ट्रल बैंक क्लर्क, 09)**

(a) 3755 (b) 3745
(c) 3735 (d) 3725

5. यदि $(20)^3$ को किसी संख्या के वर्ग में घटाने पर परिणाम 4321 प्राप्त होता है, तब संख्या है **(सेन्ट्रल बैंक क्लर्क, 09)**

(a) 110 (b) 111
(c) 112 (d) 113

6. $36^3 \times 5^3 - 2400^2 =$ **(इण्डियन ओवरसीज बैंक क्लर्क, 09)**

(a) 720 (b) 720000
(c) 7200 (d) 72000

7. यदि $\sqrt[3]{13824} \times \sqrt{x} = 864$, तब का मान है **(एसबीआई क्लर्क, 09)**

(a) 1296 (b) 1156 (c) 1600 (d) 1024

8. यदि $\sqrt[3]{x} = (756 \times 67) \div 804$, तब x का मान है **(नाबार्ड बैंक आफीसर, 09)**

(a) 195112 (b) 250047
(c) 226981 (d) 27462

9. $\sqrt[3]{4096} = ?$ **(यूको बैंक पीओ, 09)**

(a) 16 (b) 20
(c) 18 (d) 24

10. $\sqrt[3]{1092727} = ?$ **(पीएनबी पीओ, 09)**

(a) 108 (b) 103
(c) 97 (d) 107

11. 658503 का घनमूल है **(मैट, 08)**

(a) 83 (b) 77
(c) 87 (d) 97

12. A का न्यूनतम मान जिसके लिए $90 \times A$ पूर्ण घन है, है **(सीपीओ, 03)**

(a) 200 (b) 300
(c) 500 (d) 600

13. 1497375 में किस संख्या से गुणा की जाए ताकि गुणनफल पूर्ण घन हो? **(होटल मैनेजमेंट, 01)**

(a) 3 (b) 5
(c) 9 (d) इनमें से कोई नहीं

14. उस न्यूनतम संख्या जिससे 1440 में गुणा करने पर गुणनफल पूर्ण घन बन जाए, के अंकों का योगफल है **(एसएससी एलडीसी, 06)**

(a) 4 (b) 6 (c) 7 (d) 8

15. $\frac{\sqrt[3]{8}}{\sqrt{16}} \div \sqrt{\frac{100}{49}} \times \sqrt[3]{125} = ?$ **(एसएससी एलडीसी, 08)**

(a) 7 (b) $1\frac{3}{4}$ (c) $\frac{7}{100}$ (d) $\frac{4}{7}$

उत्तरमाला

अभ्यास 1

1. (i) 5832 (ii) 42875 (iii) 474552 (iv) 5088448
(v) 1643032 (vi) 1076890625 (vii) 1295029 (viii) 991026973
(ix) 999988000099936 (x) 998500749875

2. (i) 24 (ii) 117 (iii) 104 (iv) 96
(v) 453 (vi) 991 (vii) 94 (viii) 63
(ix) 119 (x) 112

अभ्यास 2

1. (b)	**2.** (d)	**3.** (c)	**4.** (d)
5. (b)	**6.** (d)	**7.** (a)	**8.** (b)
9. (a)	**10.** (b)	**11.** (c)	**12.** (b)
13. (a)	**14.** (b)	**15.** (b)	

8 दशमलव (Decimal)

दशमलव के बारे में ज्यादा कुछ बताने के लिए नहीं है। परन्तु हम इस अध्याय में दशमलवों को सरल करने की विधियों जिनका हम पहले अध्ययन कर चुके हैं, का अध्ययन करेंगे। सर्वप्रथम हमें कुछ महत्त्वपूर्ण तथ्यों को जानना आवश्यक है।

(i) यदि भिन्न के हर में केवल 2 या 5 या दोनों हैं, तब भिन्न आवर्ती दशमलव नहीं होगी।

उदाहरणस्वरूप—

$$\frac{1}{16} = \frac{1}{2^4} = 0.0625$$

तथा
$$\frac{1}{50} = \frac{1}{5^2 \times 2} = 0.02$$

(ii) यदि भिन्न के हर में 2 व 5 के अतिरिक्त 3, 7, 11, ...इत्यादि अभाज्य संख्या होंगी, तब भिन्न आवर्त्ती होगी।

उदाहरणस्वरूप— $\frac{1}{3} = 0.333.. = 0.\bar{3}$

(iii) यदि भिन्न के हर में 3, 7, 11,... के साथ 2 या 5 भी हो, तो वह भिन्न आंशिक रूप से आवर्ती तथा आंशिक रूप से अनावर्त्ती होगी।

दशमलव पर सक्रियाएँ (Operations on Decimals)

भिन्न का दशमलव में निरूपण (Conversion of a Fraction into Decimal)

(i) यदि भिन्न का हर 9, 99,... इत्यादि हैं,

तब,
$$\frac{1}{9} = 0.1111... = 0.\bar{1}$$

तथा
$$\frac{1}{99} = 0.010101..... = 0.\overline{01}$$

इत्यादि।

(ii) यदि भिन्न के हर में 3, 33,... इत्यादि हैं,

तब,
$$\frac{1}{3} = 0.333.... = 0.\bar{3}$$

तथा
$$\frac{1}{33} = 0.0303.... = 0.\overline{03}$$

इत्यादि।

(iii) एक भिन्न को दशमलव रूप में धनात्मक आश्लेषक (Positive osculator) के प्रयोग द्वारा परिवर्तित किया जा सकता है।

(a) सर्वप्रथम धनात्मक आश्लेषक ज्ञात निम्न करते हैं तथा आवर्ती खण्ड के अन्तिम अंक को निर्धारित करते हैं जोकि निम्न सारणी द्वारा स्पष्ट हो जाएगी

संख्या	धनात्मक आश्लेषक	आवर्ती खण्ड का अन्तिम अंक
19	2	1
29	3	1
13	4	3
27	7	3
7	5	7
तथा इसी प्रकार और भी		

धनात्मक आश्लेषक को निम्न प्रकार ज्ञात किया जा सकता है
संख्या के इकाई के अंक को 9 बनाइए तथा परिणामी के शेष भाग में 1 जोड़ दीजिए तथा प्राप्त परिणाम ही धनात्मक आश्लेषक होता है।

उदाहरणस्वरूप—

$\because$ $41 \times 9 = 369$

$\therefore$ 41 *के लिए धनात्मक आश्लेषक* $= 36 + 1 = 37$

तथा $13 \times 3 = 39$

$\therefore$ 13 *के लिए धनात्मक आश्लेषक* $= 3 + 1 = 4$

(b) आवर्ती खण्ड के अन्तिम अंक को धनात्मक आश्लेषक से गुणा कीजिए तथा इस प्रक्रम को तब तक जारी रखते हैं, जब तक परिणाम में शून्य प्राप्त हो।

उदाहरणस्वरूप—

1/19 के लिए धनात्मक आश्लेषक 2 है तथा आवर्ती खण्ड का अन्तिम अंक 1 है।

$$\therefore \quad \frac{1}{19} = {}_1\dot{0}5_1\ 2\ 6\ 3_1\ 1_1\ 5_1\ 7_1\ 89_1\ 47_1\ 3_1\ 6842\dot{1}$$

$$= \overline{0.05\ 26\ 315789473 68421}$$

अब, $\frac{1}{39}$ के लिए धनात्मक आश्लेषक 4 तथा आवर्ती खण्ड का अन्तिम अंक 1 है।

$$\therefore \quad \frac{1}{39} = {}_1\dot{0}_2\ 2_2\ 5_1\ 64\dot{1}$$

$$= 0.\overline{0\ 25641}$$

अब, अधिक स्पष्टता के लिए $\frac{1}{13}$ लेते हैं जिसका धनात्मक आश्लेषक 4 है तथा आवर्ती खण्ड का अन्तिम अंक 3 है।

$$\therefore \quad \frac{1}{13} = {}_3\dot{0}_2\ 7_3 69_1 2\dot{3}$$

$$= 0.\overline{076923}$$

दशमलवों का योग (Addition of Decimals)

दशमलवों को जोड़ने के लिए पहले दशमलव बिन्दु हटाते हैं तथा हर में 10 की घात दशमलव बिन्दु की स्थिति के अनुसार लगाते हैं तथा इन्हे पहले वार्णित वैदिक सूत्रों की सहायता से जोड़ते हैं।

या

सबसे पहले सभी संख्याओं में दशमलव के बाद अंकों की संख्या समान करते हैं तथा दशमलव की स्थिति देखें बिना उनका योग ज्ञात करते हैं तथा योग के उपरान्त परिणामी में स्थिति अनुसार दशमलव लगाते हैं।

उदाहरण 1. 3.125, 7.03, 8.005, 1.2376 *का योग ज्ञात कीजिए।*

हल

$$3.125 = \frac{3125}{1000} = \frac{31250}{10000}$$

$$7.03 = \frac{703}{100} = \frac{70300}{10000}$$

$$8.005 = \frac{8005}{1000} = \frac{80050}{10000}$$

तथा
$$1.12376 = \frac{12376}{10000}$$

अब,
$$3.125 + 7.03 + 8.005 + 1.2376 = \frac{31250 + 70300 + 80050 + 12376}{10000}$$

$$= \frac{193976}{10000} = 19.3976$$

दशमलवों का अन्तर (Subtraction of Decimals)

इसकी विधि उपरोक्तानुसार है जो निम्न उदाहरण में स्पष्ट हो जाएगी

उदाहरण 2. 8.1357 *में से* 7.32 *को घटाइए।*

हल ∵
$$7.32 = \frac{732}{100} = \frac{73200}{10000}$$

तथा
$$8.1357 = \frac{81357}{10000}$$

अब,
$$8.1357 - 7.32 = \frac{81357 - 73200}{10000} = \frac{8157}{10000} = 0.8157$$

दशमलवों की गुणा (Multiplication of Decimals)

सर्वप्रथम दशमलवों को भिन्नों में परिवर्तित करते हैं। संगत अंशों व हरों का गुणनफल अध्याय "गुणनफल" में वर्णित विधियों द्वारा करते हैं।

उदाहरण 3. *3.5 व 0.67 का गुणनफल ज्ञात कीजिए।*

हल $\because \quad 3.5 = \frac{35}{10}$

तथा $\quad 0.67 = \frac{67}{100}$

$\therefore \quad 0.67 \times 3.5 = \frac{35}{10} \times \frac{67}{100}$

$= \frac{2345}{1000}$

$= 2.345$

दशमलवों का भाग (Division of Decimals)

अध्याय "भाग" में दशमलवों के भाग का वर्णन किया गया है।

अभ्यासार्थ प्रश्न

अभ्यास 1

1. निम्न का योग ज्ञात कीजिए।
   (i) 31.94, 413.867, 2.891 (ii) 3.098, 2.435
2. पहली संख्या को दूसरी संख्या में से घटाइए।
   (i) 43.81, 56.3 (ii) 467.2435, 493.867
3. निम्न का गुणनफल ज्ञात कीजिए।
   (i) 43.81, 3.09 (ii) 3.201, 1.123
4. निम्न को सरल कीजिए।
   (i) $249 \div 137$ (ii) $367 \div 3.146$
   (दशमलव के तीन स्थान तक ज्ञात कीजिए)

अभ्यास 2

1. $16 \times 36 \div 15 + 11 = ?$ **(ओबीसी क्लर्क, 09)**
   (a) 43 (b) 41.5
   (c) 47 (d) 49.4
2. $38.7 \times 14.5 \times 6.4 = ?$ **(सेन्ट्रल बैंक क्लर्क, 09)**
   (a) 3564.88 (b) 3548.42
   (c) 3591.36 (d) इनमें से कोई नहीं
3. $6.8 \times 8.8 \times 11.9 - 202.596 = ?$ **(सेन्ट्रल बैंक क्लर्क, 09)**
   (a) 570.5 (b) 509.5
   (c) 508.5 (d) 5.7.5
4. $556.65 + 65.65 + 56.65 = ?$ **(सेन्ट्रल बैंक क्लर्क, 09)**
   (a) 676.05 (b) 678.95
   (c) 682.55 (d) 684.85
5. यदि $16.4 \times x = 590.4$, तब $x = ?$ **(सेन्ट्रल बैंक क्लर्क, 09)**
   (a) 31 (b) 36
   (c) 35 (d) 37
6. $1276.34 - 783.11 + 217.84 = ?$ **(सेन्ट्रल बैंक क्लर्क, 09)**
   (a) 691.07 (b) 711.07
   (c) 701.07 (d) 681.07
7. यदि $9.3 \times x = 523.59$, तब $x = ?$ **(इण्डियन ओवरसीज बैंक क्लर्क, 09)**
   (a) 56.3 (b) 68.9
   (c) 42.7 (d) 74.8
8. $43.34 + 44.33 + 343.43 = ?$ **(इण्डियन ओवरसीज बैंक क्लर्क, 09)**
   (a) 456.01 (b) 431.1
   (c) 444.33 (d) 428.9
9. $68.8 \times 14.7 \times 7.1 = ?$ **(इण्डियन ओवरसीज बैंक क्लर्क, 09)**
   (a) 7108.565 (b) 7018.665 (c) 7180.656 (d) 7081.556

10. $3.7 \times 8.2 \times 10.8 - 29.921 = ?$ **(इण्डियन ओवरसीज बैंक क्लर्क, 09)**

(a) 287.951 (b) 307.951
(c) 297.751 (d) 317.951

11. $2.5 \times 1.5 = ?$ **(देना बैंक क्लर्क, 09)**

(a) 37.5 (b) 3.75
(c) 0.375 (d) 22.5

12. यदि $15.75 \div 2.25 = 0.7 \times x$, तब $x = ?$ **(देना बैंक क्लर्क, 09)**

(a) 7 (b) 10 (c) 0.07 (d) 1

13. $3.5 + 11.25 \times 4.5 - 32.5 = ?$ **(एसबीआई क्लर्क, 09)**

(a) 18.275 (b) 21.625
(c) 32.375 (d) 25.45

14. $15.593 - 9.214 - 3.452 - 2.191 = ?$ **(देना बैंक पीओ, 09)**

(a) 1.874 (b) 0.686
(c) 2.342 (d) 0.736

15. $666.66 + 66.66 + 6.66 + 6 + 0.66 = ?$ **(देना बैंक पीओ, 09)**

(a) 746.64 (b) 764.64
(c) 766.64 (d) 744.64

16. $0.3 + 3 + 3.33 + 3.3 + 3.03 + 333 = ?$ **(नाबार्ड बैंक आफीसर, 09)**

(a) 375.66 (b) 345.99
(c) 375.93 (d) इनमें से कोई नहीं

17. $(34.12)^2 - \sqrt{7396} = ?$ **(नाबार्ड बैंक आफीसर, 09)**

(a) 1080.1744 (b) 1078.1474
(c) 1078.1744 (d) 1080.1474

18. $(21.35)^2 + (12.25)^2 = ?$ **(पीएनबी पीओ, 09)**

(a) 171.4125 (b) 605.885
(c) 604.085 (d) 463.1825

19. $334.41 + 47.26 + 1.25 + 5 + 0.66 = ?$ **(पीएनबी पीओ, 09)**

(a) 411.24 (b) 396.15
(c) 388.58 (d) 376.85

20. $\sqrt[3]{\sqrt{0.000064}}$ का मान है **(मैट, 99)**

(a) 0.02 (b) 0.2
(c) 2.0 (d) इनमें से कोई नहीं

उत्तरमाला

अभ्यास 1

1. (i) 448.698 (ii) 5.533

2. (i) 12.49 (ii) 26.6235

3. (i) 135.3729 (ii) 3.594723

4. (i) 1.817 (ii) 116.656

अभ्यास 2

1. (d)	**2.** (c)	**3.** (b)	**4.** (b)
5. (b)	**6.** (b)	**7.** (a)	**8.** (b)
9. (c)	**10.** (c)	**11.** (b)	**12.** (b)
13. (b)	**14.** (d)	**15.** (a)	**16.** (d)
17. (c)	**18.** (b)	**19.** (c)	**20.** (b)

9 गुणनखण्डन (Factorization)

एक बहुपद को दो या अधिक बहुपदों के गुणनफल में विभक्त करने की प्रक्रिया को गुणनखण्ड कहते हैं। किसी चर का मान ज्ञात करने के लिए यह प्रक्रिया अत्यधिक महत्त्वपूर्ण प्रक्रिया है। परन्तु इसकी पारम्परिक विधि बहुत सम्मिश्र है। इसलिए द्विघात तथा घन बहुतपदों का गुणनखण्ड ज्ञात करने के लिए वैदिक सूत्रों का प्रयोग करते हैं। वैदिक सूत्रों "अनुरूप्येण" तथा "आद्यमाधेनान्त्यमन्त्येन" का प्रयोग करते है। गुणनखण्ड की विधियों के लिए बहुपदों को निम्न वर्गों में वर्गीकृत किया जा सकता है

(i) सरल द्विघात बहुपद
(ii) समघात द्विघात बहुपद
(iii) सम्मिश्र द्विघात असमघातीय बहुपद
(iv) घन बहुपद

सरल द्विघात बहुपद (Simple Quadratic Polynomials)

माना सरल द्विघात बहुपद ax^2+bx+c है। जिसके गुणनखण्ड ज्ञात करते हैं। इसके लिए निम्न चरणों का अनुपालन करते हैं।

चरण I b को दो संख्याओं p व q में इस प्रकार विभक्त कीजिए कि $b=p+q$ तथा $a:p::c::r:s$ (माना)
इस प्रकार, प्रथम गुणनखण्ड $(rx+s)$ होगा।

चरण II $\frac{a}{r}$ तथा $\frac{c}{s}$ का मान ज्ञात कीजिए। तब दूसरा गुणनखण्ड $\left(\frac{a}{r}x+\frac{c}{s}\right)$ होगा।

उदाहरण 1. $3x^2+14x+8$ *के गुणनखण्ड ज्ञात कीजिए।*

हल $\because$ $14=12+2$

$\Rightarrow$ $a:p=3:12=1:4$

तथा $q:c=2:8=1:4$

$\Rightarrow$ $a:p::q:c::1:4$

$\therefore$ पहला गुणनखण्ड $(x+4)$ है।

अब, दूसरा गुणनखण्ड $\left(\frac{3}{1}x+\frac{8}{4}\right)$ अर्थात् $(3x+2)$ है।

अतः $3x^2+14x+8=(3x+2)(x+4)$

उदाहरण 2. $8x^2-70x-18$ *के गुणनखण्ड ज्ञात कीजिए।*

$\because$ $-70=-72+2$

हल $a:p=8:(-72)=1:(-9)$

तथा $q:c=2:(-18)=1:(-9)$

$\Rightarrow \quad a : p :: q : c :: 1 : (-9)$

इस प्रकार, पहला गुणनखण्ड $(x-9)$ है।

अब, दूसरा गुणनखण्ड $\left(\frac{8}{1}x - \frac{18}{(-9)}\right)$ अर्थात् $(8x+2)$ है।

अतः $\quad 8x^2 - 70x - 18 = (8x+2)(x-9)$

समघात द्विघात बहुपद (Homogeneous Quadratic Polynomials)

माना व्यापक समघात द्विघात बहुपद $ax^2 + hxy + by^2 = 0$ है। प्रक्रिया के चरण वर्ग (i) के समान होंगे परन्तु इसमें चरणों का ध्यान रखना आवश्यक है।

केवल निम्न चरणों का अनुपालन करते हैं

चरण I h को दो संख्याओं p व q में इस प्रकार विभक्त करते हैं कि $a : p :: q : b :: r : s$ तथा $h = p + q$

अतः पहला गुणनखण्ड $(rx + sy)$ है।

चरण II $\frac{a}{r}$ तथा $\frac{b}{s}$ के मान ज्ञात करते हैं। इस प्रकार दूसरा गुणनखण्ड $\left(\frac{a}{r}x + \frac{b}{s}y\right)$ है।

उदाहरण 3. $4x^2 + 15xy + 9y^2$ *के गुणनखण्ड ज्ञात कीजिए।*

हल $\because \quad 15 = 12 + 3$

$\Rightarrow \quad a : p = 4 : 12 = 1 : 3$

तथा $\quad q : b = 3 : 9 = 1 : 3$

$\Rightarrow \quad a : p :: q : b :: 1 : 3$

इस प्रकार, पहला गुणनखण्ड $(x + 3y)$ है।

तथा दूसरा गुणनखण्ड $\left(\frac{4}{1}x + \frac{9}{3}y\right)$ अर्थात् $(4x + 3y)$ है।

अतः $\quad 4x^2 + 15xy + 9y^2 = (x + 3y)(4x + 3y)$

दो से अधिक चरों वाली किसी भी समघातीय बहुपदों का गुणनखण्ड ज्ञात करने के लिए वैदिक सूत्र ''लोपनास्थापनाभ्याम्'' का पहले प्रयोग करते हैं तथा आगे की प्रक्रिया निम्न उदाहरण से स्पष्ट हो जाएगी।

उदाहरण 4. $6x^2 + 5y^2 + 8z^2 + 13xy + 16xz + 14yz$ *के गुणनखण्ड ज्ञात कीजिए।*

हल दिए गए व्यजंक में $z = 0$ रखने पर

$$6x^2 + 13xy + 5y^2$$

$\because \quad 13 = 10 + 3$

$\therefore \quad a : p = 6 : 10 = 3 : 5$

तथा $\quad q : b = 3 : 5$

इस प्रकार, पहला गुणनखण्ड $(3x + 5y)$ तथा दूसरा गुणनखण्ड $\left(\frac{6}{3}x + \frac{5}{5}y\right)$ अर्थात् $(2x + y)$ है।

अब, $y = 0$ रखने पर, दिया गया व्यजंक निम्न प्रकार होगा

$$6x^2 + 16xz + 8z^2$$

अब, $\quad 6 : 12 :: 4 : 8 :: 1 : 2$

इस प्रकार, पहला गुणनखण्ड $(x+2z)$ अर्थात् $(2x+4z)$ तथा दूसरा गुणनखण्ड $\left(\frac{6}{2}x+\frac{8}{4}z\right)$ अर्थात् $(3x+2z)$ होगा।

गुणनखण्डों से स्पष्ट है कि

$$6x^2+5y^2+8z^2+13xy+14yz=(2x+y+4z)(3x+5y+2z)$$

सम्मिश्र द्विघात असमघातीय बहुपद

(Complex Quadradic Non-homogeneous Polynomials)

यदि बहुपद असमघातीय द्विघात बहुपद है, तब प्रक्रिया कुछ अलग होती है। गुणनखण्ड ज्ञात करने के लिए वैदिक सूत्र ''लोपनास्थापनाभ्याम्'' का प्रयोग किया जाता है तथा इसकी प्रक्रिया का वर्णन निम्न उदाहरण द्वारा स्पष्ट रूप से समझा जा सकता है

उदाहरण 5. $2x^2-15y^2-xy+x+41y-28$ *के गुणनखण्ड ज्ञात कीजिए।*

हल $y=0$ रखने पर, दिया गया व्यंजक निम्न रूप में परिवर्तित होता है

$$2x^2+x-28$$

चूँकि, इस व्यंजक के गुणनखण्ड $(x+4)$ तथा $(2x-7)$ हैं।

अब, $y=0$ रखने पर, दिया गया व्यंजक निम्न रूप में परिवर्तित होता है

$$-15y^2+41y-28$$

चूँकि, इस व्यंजक के गुणनखण्ड $(-3y+4)$ तथा $(5y-7)$ हैं।

इस प्रकार,

$$2x^2-15y^2-xy+x+41y-28=(x-3y+4)(2x+5y-7)$$

घन बहुपद (Cubic Polynomials)

घन बहुपद के गुणनखण्ड ज्ञात करने के लिए सबसे पहले शेषफल प्रमेय द्वारा एक रैखिक गुणनखण्ड ज्ञात करते हैं। अन्य दो गुणनखण्ड़ों को ज्ञात करने के लिए हमें एक द्विघात बहुपद ज्ञात करना होता है। जिसके प्रथम तथा अन्तिम पद को वैदिक सूत्र ''आद्यामायेन्'' तथा मध्य पद ज्ञात करने के लिए वैदिक सूत्र ''गुणित समुच्चय'' का प्रयोग करते हैं। एक घन बहुपद के गुणनखण्ड ज्ञात करने के लिए निम्न चरणों का अनुपालन करते हैं

चरण I सरल अनुमान या शेषफल प्रमेय की सहायता से एक रैखिक गुणनखण्ड ज्ञात करते हैं।

चरण II द्विघात बहुपद के लिए, द्विघात बहुपद के पहले तथा अन्तिम पद को दी गई घन बहुपद में से चयनित किया जाता है तथा मध्य पद को वैदिक सूत्र ''गुणित समुच्चय'' का प्रयोग करके ज्ञात करते हैं।

$$\text{मध्य पद का गुणांक} = \left\{\frac{\text{घन बहुपद में विभिन्न पदों के गुणांकों का योग}}{\text{पहले गुणनखण्ड के पदों के गुणांकों का योग}}\right\} - \left\{\begin{array}{l}\text{पहले ज्ञात द्विघात बहुपद}\\ \text{के पहले तथा अन्तिम}\\ \text{पदों के गुणांकों का योग}\end{array}\right\}$$

यह विधि निम्न उदाहरण की सहायता से अधिक स्पष्ट हो जाएगी।

उदाहरण 6. $x^3 + 10x^2 + 31x + 30$ के *गुणनखण्ड ज्ञात कीजिए।*

हल शेषफल प्रमेय से, $x = -2$ रखने पर

$$(-2)^3 + 10(-2)^2 + 31(-2) + 30 = -8 + 40 - 62 + 30 = 0$$

चूँकि, दिया गया बहुपद $x = -2$ पर शून्य है। इसलिए इसका एक गुणनखण्ड $(x + 2)$ है। माना द्विघात बहुपद के पहले तथा अन्तिम पद के गुणांक 1 व 15 हैं।

अब, मध्य पद का गुणांक $= \left(\dfrac{1 + 10 + 31 + 30}{1 + 2}\right) - (1 + 15)$

$$= 24 - 16 = 8$$

∴ द्विघात बहुपद निम्न है

$$x^2 + 8x + 15$$

जिसके गुणनखण्ड $(x + 3)$ व $(x + 5)$ हैं।

अतः $x^3 + 10x^2 + 31x + 30 = (x + 2)(x + 3)(x + 5)$

1. $(x + a)(x + b)(x + c) = x^3 + (a + b + c)x^2 + (ab + bc + ca)x + abc$
2. *इन गुणनखण्डों को वैदिक सूत्र "गुणित समुच्यय समुच्ययै गुणितः" का उपयोग करके जाँचा जा सकता है।*

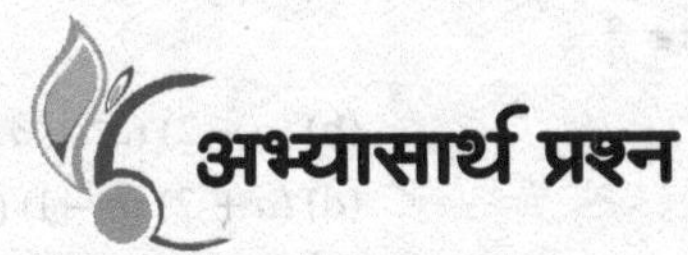

अभ्यासार्थ प्रश्न

अभ्यास 1

1. निम्न द्विघात बहुपदों के गुणनखण्ड ज्ञात कीजिए।

(i) $8x^2 - 70x - 18$ (ii) $2x^2 - 5x - 3$
(iii) $3x^2 - 7x + 2$ (iv) $6x^2 + 37x + 6$
(v) $9x^2 - 15x + 4$ (vi) $12x^2 - 23xy + 10y^2$
(vii) $6x^2 - 14xy + 4y^2$ (viii) $8x^2 + y^2 + 9z^2 + 4xy + 6yz + 12xz$
(ix) $2x^2 - 15y^2 - xy + x + 41y - 28$ (x) $4x^2 - 7y^2 - 9z^2 + 12xy - 16xz + 16yz$

2. निम्न घन बहुपदों के गुणनखण्ड ज्ञात कीजिए।

(i) $x^3 + 6x^2 + 11x + 6$ (ii) $x^3 + 12x^2 + 44x + 48$
(iii) $x^3 + 3x^2 - 17x - 38$ (iv) $x^3 - 7x + 6$
(v) $x^3 - 2x^2 - 23x + 60$

अभ्यास 2

1. $4x^2 - 12x + 9$ के गुणनखण्ड है

(a) $(2x - 3)(2x + 3)$ (b) $(2x - 3)(2x - 3)$
(c) $(2x + 3)(2x + 3)$ (d) इनमें से कोई नहीं

2. $6x^2 + x - 12$ के गुणनखण्ड है

(a) $(2x + 3)(3x - 4)$ (b) $(2x + 3)(3x + 4)$
(c) $(2x - 3)(3x + 4)$ (d) $(2x - 3)(3x - 4)$

3. $4x^2 - 9x - 100$ के गुणनखण्ड है

(a) $(4x - 25)(x - 4)$ (b) $(x + 4)(4x + 25)$
(c) $(x - 4)(4x + 25)$ (d) इनमें से कोई नहीं

4. $x^2 - x + 2$ के गुणनखण्ड है

(a) $(x + 7)(x + 2)(x - 7)$ (b) $\left(x - \frac{1 + \sqrt{-7}}{2}\right)\left(x + \frac{1 - \sqrt{-7}}{2}\right)$
(c) $(x + 7)(x + 3)$ (d) इनमें से कोई नहीं

5. $x^2 - 18x + 77$ के गुणनखण्ड है

(a) $(x - 11)(x + 7)$ (b) $(x + 11)(x + 7)$
(c) $(x - 11)(x - 7)$ (d) इनमें से कोई नहीं

6. $15x^2 - 28y^2 - xy$ के गुणनखण्ड है

(a) $(5x - 7y)(3x - 4y)$ (b) $(5x + 7y)(4x - 3y)$
(c) $(5x + 7y)(3x + 4y)$ (d) $(5x + 7y)(3x - 4y)$

7. $4y^2 - 11xy - 3x^2$ के गुणनखण्ड है

(a) $(y - 3x)(y - x)$
(b) $(y - 3x)(4y - x)$
(c) $(y + 3x)(4y + x)$
(d) उपरोक्त में से कोई नहीं

8. $a^3 + a^2 + 2a + 8$ के गुणनखण्ड है

(a) $(a + 2)(a^2 - a + 4)$ (b) $(a - 2)(a^2 - a - 4)$
(c) $(a + 2)(a^2 - 2a + 1)$ (d) $(a + 2)(a - 1)(a + 4)$

9. $2x^3 + 19x^2 + 38x + 21$ के गुणनखण्ड है

(a) $(2x + 3)(x + 5)(x + 1)$ (b) $(4x + 9)(2x + 1)(x + 1)$
(c) $(x + 1)(x + 4)(2x + 1)$ (d) $(x + 1)(x + 7)(2x + 3)$

10. $(x^2 + 2x)^2 - 3(x^2 + 2x) - y(x^2 + 2x) + 3y$ के गुणनखण्ड है

(a) $(x^2 + 2x - 3)(x^2 - 2x - 1)$ (b) $(x^2 + 2x - 3)(x^2 - 2x + y)$
(c) $(x^2 + 2x - 3)(x^2 + 2x - y)$ (d) $(x^2 + 2x - 3)(x^2 - 2x - y)$

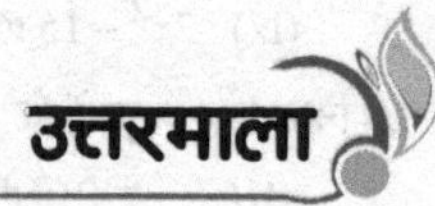

उत्तरमाला

अभ्यास 1

1. (i) $(8x+2)(x-9)$ (ii) $(x-3)(2x+1)$
(iii) $(x-2)(3x-1)$ (iv) $(x+6)(6x+1)$
(v) $(3x-1)(3x-4)$ (vi) $(3x-2y)(4x-5y)$
(vii) $(x-2y)(6x-2y)$ (viii) $(x+y+3z)(3x+y+3z)$
(ix) $(2x+7y-9z)(2x-y+z)$ (x) $(x-3y+4)(2x+5y-7)$

2. (i) $(x+1)(x+2)(x+3)$ (ii) $(x+2)(x+4)(x+6)$
(iii) $(x+2)(x^2+x-19)$(iv) $(x-1)(x-2)(x+3)$
(v) $(x-3)(x-4)(x+5)$

अभ्यास 2

1. (b) **2.** (a) **3.** (a) **4.** (b)
5. (c) **6.** (d) **7.** (b) **8.** (a)
9. (d) **10.** (c)

10 महत्तम समापवर्तक (Highest Common Factor)

महत्तम समापवर्तक (HCF) को म०स० भी कहते हैं। इसको ज्ञात करने की पारम्परिक विधि की तुलना में वैदिक विधि अधिक सरल है। वैदिक सूत्रों ''लोपनास्थापनाभ्याम्'', ''संकलन व्यवकलनाभ्याम्'' तथा ''आद्यमाद्येनान्त्यमन्त्येन'' का प्रयोग करके म०स० ज्ञात करते हैं।

म०स० ज्ञात करने के लिए निम्न चरणों का अनुपालन करते है

चरण I माना $p(x)$ तथा $q(x)$ दो बहुपद हैं। सबसे पहले दोनों बहुपदों में चर की महत्तम घात वाले पदों के गुणांक समान करते हैं।

चरण II दूसरे बहुपद को पहले में से घटाते हैं।

चरण III परिणामी के प्रत्येक पद में से उभयनिष्ठ मान बाहर लिख लेते हैं।

चरण IV परिणामी रैखिक या द्विघात बहुपद ही अभीष्ट म०स० है।

अब योग विधि का प्रयोग करके म०स० ज्ञात करने के लिए निम्न चरणों का अनुपालन करते हैं।

चरण I माना दो बहुपद $p(x)$ तथा $q(x)$ हैं। इसमें सबसे पहले अचर पदों को समान कर लेते हैं।

चरण II अब $p(x)$ तथा $q(x)$ को जोड़ते हैं। परिणामी में से उभयनिष्ठ मान को बाहर लिख लेते हैं।

चरण III परिणामी रैखिक या द्विघात बहुपद ही अभीष्ट म०स० है।

उदाहरण 1. $x^2 + x - 42$ *व* $x^2 + 18x + 77$ *का म०स० ज्ञात कीजिए।*

हल चूँकि x की उच्चतम घात वाले पद का गुणांक समान है।

माना $p(x) = x^2 + x - 42$

तथा $q(x) = x^2 + 18x + 77$

अब, $p(x) - q(x) = (x^2 + x - 42) - (x^2 + 18x + 77) = x - 42 - 18x - 77$

$= -17x - 119 = -17(x + 7)$

अत: अभीष्ट म०स० $= x + 7$

उदाहरण 2. $x^3 + 2x^2 + 4x + 3$ *तथा* $x^3 + 2x^2 - 1$ *का म०स० ज्ञात कीजिए।*

हल माना $p(x) = x^3 + 2x^2 + 4x + 3$

तथा $q(x) = x^3 + 2x^2 - 1 = 3x^3 + 6x^2 - 3$

चूँकि $p(x)$ व $q(x)$ में अचर पद समान हैं।

$p(x) + q(x) = (x^3 + 2x^2 + 4x + 3) + (3x^3 + 6x^2 - 3)$

$= x^3 + 2x^2 + 4x + 3 + 3x^3 + 6x^2 - 3$

$= 4x^3 + 8x^2 + 4x = 4x(x^2 + 2x + 1) = 4x(x + 1)^2$

अत: अभीष्ट म०स० $= (x + 1)$

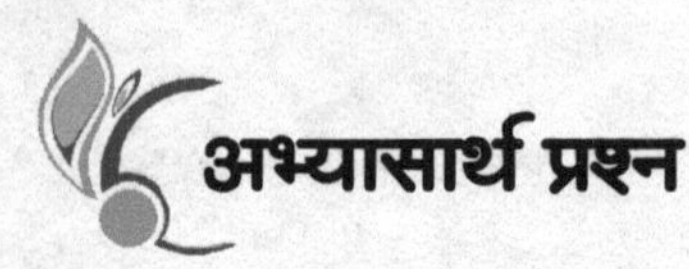

अभ्यासार्थ प्रश्न

अभ्यास 1

निम्न बहुपदों का म०स० ज्ञात कीजिए।

1. $x^2 - 3x - 108,\ x^2 - 79x + 20y$
2. $x^2 - 5x - 6, x^2 + 7x + 6$
3. $x^3 - 3x^2 - 4x + 12,\ x^3 - 7x^2 + 16x - 12$
4. $4x^3 + 13x^2 + 19x + 4,\ 2x^3 + 5x^2 + 5x - 4$
5. $6x^4 - 7x^3 - 5x^2 + 14x + 7,\ 6x^4 - 10x^3 + 14x$
6. $2x^3 + x^2 - 9,\ x^4 + 2x^2 + 9$
7. $x^3 + 3x^2 - 5x - 4,\ x^5 - x^4 - x^3 - 4x^2 + 4x + 4$
8. $x^6 - 1,\ x^6 - x^5 - x^4 - 2x^3 + x^2 + x + 1$
9. $x^3 + 2x^2 + 4x + 3,\ x^3 + 2x^2 - 1$
10. $x^3 - 5x^2 - 13x - 7,\ x^2 + 2x + 1$

अभ्यास 2

1. $x^3 - 1$ व $x^4 + x^2\ 1$ का म०स० है

   (a) $x - 1$ (b) $x^2 + 1$

   (c) $x^2 + x + 1$ (d) $x^2 + x$

2. $2x^4 + 243x$ व $24x^3 - 54x$ का म०स० है

   (a) $x(2x + 3)$ (b) $2x(2x + 3)$

   (c) $4x(x + 3)$ (d) $(x + 54)$

3. $x^4 + 3x^2 - 4$ व $x^4 - 4x^2 + 3$ का म०स० है

   (a) $x - 1$ (b) $x + 1$

   (c) $x^2 - 1$ (d) $x^2 - 3$

4. $2(a^2 - b^2)$ व $3(a^3 - b^3)$ का म०स० है

   (a) $a + b$ (b) $(a - b)$

   (c) $2(a - b)$ (d) इनमें से कोई नहीं

5. $(p^2 - p - 6)$ व $p^2 - 3p - 18$ का म०स० है

   (a) $p - 6$ (b) $p + 3$

   (c) $p + 2$ (d) $p - 2$

उत्तरमाला

अभ्यास 1

1. $x-12$
2. $x+1$
3. x^2-5x+6
4. x^2+3x+4
5. $3x^3-5x^2+7$
6. x^2+2x+3
7. x^2-x-1
8. x^3-1
9. $x+1$
10. x^2+2x+1

अभ्यास 2

1. (c)
2. (d)
3. (c)
4. (b)
5. (a)

11 सरल समीकरणें (Simple Equations)

एक चर वाली समीकरणें या वे समीकरणें जो कठिन नहीं होती हैं, सरल समीकरणें कहलाती हैं। इन समीकरणों को हल करने के लिए वैदिक सूत्र ''परावर्त्य योजयेत्'' का प्रयोग किया जाता है।

सरल समीकरणों के प्रकार (Types of Simple Equations)

सरल समीकरणों के प्रकार निम्नवत् हैं

(i) प्रथम प्रकार (First Type)

माना समीकरण निम्न है

$$px+q=rx+s$$

$\Rightarrow$ $$px-rx=s-q$$

$\Rightarrow$ $$(p-r)x=s-q$$

$\Rightarrow$ $$x=\frac{s-q}{p-r}$$

उदाहरण 1. *हल कीजिए*

$$2x+7=x+9$$

हल यहाँ $p=2, q=7, r=1$ तथा $s=9$

$\therefore$ $$x=\frac{9-7}{2-1}=\frac{2}{1}=2$$

(ii) द्वितीय प्रकार (Second Type)

यदि दी गई समीकरण निम्न है

$$(x+p)(x+q)=(x+r)(x+s)$$

यदि $p\times q=r\times s$, तब $x=0$

यदि $p\times q\neq r\times s$, तब $x=\dfrac{rs-pq}{p+q-r-s}$

उदाहरण 2. *हल कीजिए*

$$(x+7)(x+9)=(x+3)(x+21)$$

हल माना $p=7,\ q=9,\ r=3,\ s=21$

चूँकि, $$p\times q=7\times 9=63$$

तथा $r \times s = 3 \times 21 = 63$

$\Rightarrow$ $p \times q = r \times s$

$\therefore$ $x = 0$

(iii) तृतीय प्रकार (Third Type)

माना समीकरण निम्न है

$$\frac{px+q}{rx+s} = \frac{t}{u}$$

$\therefore$ $u(px+q) = t(rx+s)$

$\Rightarrow$ $upx + uq = trx + ts$

$\Rightarrow$ $x(up - tr) = ts - uq$

$\Rightarrow$ $x = \dfrac{ts - uq}{up - tr}$

उदाहरण 3. *x के लिए हल कीजिए*

$$\frac{5-x}{3x-1} = \frac{1}{2}$$

हल चूँकि, $p = -1, q = 5, r = 3, s = -1$

$t = 1$ तथा $u = 2$

$\therefore$ $x = \dfrac{-1 \times 1 - 2 \times 5}{2 \times (-1) - (1)(3)}$

$= \dfrac{-1-10}{-2-3} = \dfrac{-11}{-5}$

$= \dfrac{11}{5}$

(iv) चतुर्थ प्रकार (Fourth Type)

माना समीकरण निम्न है

$$\frac{a}{x+p} + \frac{b}{x+q} = 0$$

$\Rightarrow$ $a(x+q) + b(x+p) = 0$

$\Rightarrow$ $ax + aq + bx + bp = 0$

$\Rightarrow$ $(a+b)x = -(aq+bp)$

$\Rightarrow$ $x = -\left(\dfrac{aq+bq}{a+b}\right)$

उदाहरण 4. *समीकरण निम्न है*

$$\frac{1}{x-1} + \frac{4}{x+5} = 0$$

x का मान ज्ञात कीजिए।

हल माना $a = 1, b = 4, p = -1, q = 5$

$$\therefore \quad x = -\left(\frac{1\times 5 - 4\times 1}{1+4}\right)$$

$$= -\frac{1}{5}$$

यदि $\frac{a}{x+b} + \frac{a}{x+c} = 0$, *तब* $(x+b)+(x+c) = 0$

(v) पंचम प्रकार (Fifth Type)

माना समीकरण निम्न है

$$ax + bx = cx + dx$$

तब वैदिक सूत्र ''शून्यं साम्यं समुच्चये'' का प्रयोग करते हैं जिसका अर्थ ''जब समुच्चय बराबर हो, तब समुच्चय शून्य होता है'' होता है।

इस प्रकार, $x = 0$

(vi) षष्ठ प्रकार (Sixth Type)

माना समीकरण निम्न है

$$\frac{ax+b}{cx+d} = \frac{cx+d}{ax+b}$$

इस प्रकार, $(ax+b)+(cx+d) = 0$

$$\Rightarrow \quad (a+c)x = -(b+d)$$

$$\Rightarrow \quad x = -\left(\frac{b+d}{a+c}\right)$$

उदाहरण 5. x के लिए हल कीजिए

$$\frac{2x-3}{7x-6} = \frac{7x-6}{2x-3}$$

हल यहाँ समीकरण का रूप निम्न प्रकार है

$$\frac{ax+b}{cx+d} = \frac{cx+d}{ax+b}$$

तब,

$$(ax+b)+(cx+d) = 0$$

$$\therefore \quad 2x - 3 + 7x - 6 = 0$$

$$\Rightarrow \quad 9x = 9$$

$$\Rightarrow \quad x = 1$$

कुछ और भी दशाएँ होती हैं जिन्हे इन प्रकारों में परावर्तित किया जा सकता है। इसलिए सबसे पहले उचित रूप में समीकरण को परावर्तित करना चाहिए तथा संगत विधि का प्रयोग किया जाना चाहिए।

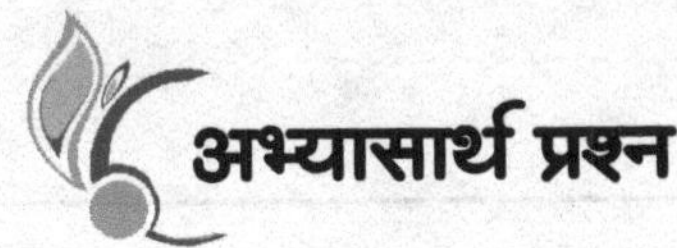

अभ्यासार्थ प्रश्न

अभ्यास 1

निम्न समीकरणों को x के लिए हल कीजिए।

1. $9x+9=7x+7$
2. $\frac{1}{2x-1}+\frac{1}{3x-1}=0$
3. $\frac{2x+9}{2x+7}=\frac{2x+7}{2x+9}$
4. $\frac{3x+4}{6x+7}=\frac{5x+6}{2x+3}$
5. $\frac{1}{x-7}+\frac{1}{x-9}=\frac{1}{x-6}+\frac{1}{x-10}$
6. $\frac{x-2}{x-3}+\frac{x-3}{x-4}=\frac{x-1}{x-2}+\frac{x-1}{x-5}$
7. $\frac{3}{x+1}+\frac{4}{x+2}=\frac{7}{x+3}$
8. $\frac{1}{x+2}+\frac{3}{x+3}+\frac{5}{x+5}=\frac{9}{x+4}$
9. $\frac{7}{x+6}+\frac{1}{x+2}+\frac{10}{x+1}=\frac{18}{x+3}$
10. $\frac{2x+7}{3x+10}=\frac{6x+19}{x+3}$

अभ्यास 2

1. यदि $25x-19-\{3-(4x+5)\}=3x-(6x-5)$, तब $x=?$
(a) 7 (b) 1 (c) 2 (d) 3

2. यदि $\frac{3x+6}{8}-\frac{11x-8}{24}+\frac{x}{3}=\frac{3x}{4}+\frac{x+7}{24}$, तब $x=?$
(a) −3 (b) 19/13 (c) 2 (d) 4

3. यदि $(x+7)(x+9)=(x+3)(x+21)$, तब $x=?$
(a) 0 (b) 1 (c) 2 (d) 3

4. यदि $\frac{5-6x}{3x-1}=\frac{1}{2}$, तब $x=?$
(a) $\frac{11}{15}$ (b) 0 (c) $\frac{1}{2}$ (d) $-\frac{11}{15}$

5. यदि $\frac{1}{x-7}+\frac{1}{x-9}=\frac{1}{x-6}+\frac{1}{x-10}$, तब $x=?$
(a) 1 (b) 7 (c) 8 (d) 10

6. यदि $\frac{1}{2x-1}+\frac{1}{3x-1}=0$, तब $x=?$
(a) $\frac{2}{5}$ (b) $\frac{5}{2}$ (c) $\frac{1}{2}$ (d) 0

7. यदि $(x-6)(x+7)=(x+3)(x-11)$, तब $x=?$
(a) 1 (b) 2 (c) 0 (d) इनमें से कोई नहीं

8. यदि $\frac{1}{x+2}+\frac{1}{x+1}=0$, तब $x=?$
(a) 0 (b) $-\frac{3}{2}$ (c) $\frac{3}{2}$ (d) $\frac{1}{2}$

उत्तरमाला

अभ्यास 1

1. -1
2. $\frac{2}{5}$
3. -4
4. $-\frac{5}{4}$
5. 8
6. $3\frac{1}{2}$
7. $-\frac{8}{5}$
8. $-2\frac{1}{2}$
9. $-\frac{51}{26}$
10. $-\frac{13}{4}$

अभ्यास 2

1. (b)
2. (b)
3. (a)
4. (a)
5. (c)
6. (a)
7. (a)
8. (b)

द्विघात समीकरणें (Quadratic Equations)

चूँकि विज्ञान व प्रौद्योगिकी की विभिन्न समस्याओं (प्रश्नों) में द्विघात का बहुत प्रयोग होता है, इसलिए इनके हलों को नजर अंदाज नहीं कर सकते हैं। जैसा कि हम जानते हैं कि $ax^2 + bx + c = 0$ रूप की समीकरण को द्विघात समीकरण कहते हैं। जहाँ a, b व c अचर हैं।

द्विघात समीकरणों का हल (Solution of Quadratic Equations)

$ax^2 + bx + c = 0$ रूप की समीकरण द्विघात समीकरण होती है।

द्विघात समीकरणों की विधियों से स्पष्ट है कि यदि $2x^2 + 7x + 5 = (2x + 5)(x + 1)$

यदि यह व्यंजक शून्य के बराबर है, तो समीकरण के हल दो निम्न समीकरणों के रूप में प्राप्त होते हैं

$$2x + 5 = 0 \quad \Rightarrow \quad x = -5/2$$

तथा

$$x + 1 = 0 \quad \Rightarrow \quad x = -1$$

परन्तु कुछ समीकरण ऐसी होती हैं, जिनके ऐसे गुणनखण्ड ज्ञात नहीं हो सकते हैं जैसे

$$6x^2 + 5x - 3 = 0$$

ऐसे द्विघात समीकरणों को जल्दी हल करने के लिए निम्न वैदिक गणित विधि का प्रयोग करते हैं।

नियम (Rules)

द्विघात समीकरण के प्रथम अवकल को द्विघात समीकरण के विविक्तकर के वर्गमूल के बराबर रखते हैं।

$$D_1 = \sqrt{b^2 - 4ac}$$

अत:

$$D_1 = \frac{d}{dx}(6x^2 + 5x - 3) = 12x + 5$$

$$\therefore \quad 12x + 5 = \sqrt{25 + 4 \times 6 \times 3}$$

$$\Rightarrow \quad 12x + 5 = \sqrt{97}$$

इसलिए पहला मूल निम्न द्वारा प्रदर्शित है

$$12x + 5 = \sqrt{97}$$

तथा दूसरा मूल निम्न द्वारा प्रदर्शित है

$$12x + 5 = -\sqrt{97}$$

यह वैदिक विधि बहुत उपयोगी है तथा इसे किसी भी प्रकार की द्विघात समीकरण पर उपयोग किया जा सकता है परन्तु कुछ विशिष्ट द्विघात समीकरणों को हल करने के लिए अन्य वैदिक सूत्रों का उपयोग किया जाता है।

(i) प्रथम प्रकार (First Type)

माना समीकरण निम्न है

$$x+\frac{1}{x}=\frac{d}{a}$$

"विलोकनम्" के प्रयोग से

$$x+\frac{1}{x}=a+\frac{1}{a}$$

इस प्रकार, $x=a$ या $x=\frac{1}{a}$

उदाहरण 1. $\frac{x}{x+4}+\frac{x+4}{x}=\frac{122}{11}$ *को हल कीजिए।*

हल "विलोकनम्" सूत्र से

$$\frac{x}{x+4}+\frac{x+4}{x}=11+\frac{1}{11}$$

$\Rightarrow$ $\frac{x}{x+4}=11$ या $\frac{x}{x+4}=\frac{1}{11}$

$\Rightarrow$ $x=11x+44$ या $11x=x+4$

$\Rightarrow$ $x=-\frac{44}{10}$ या $x=\frac{4}{10}$

$\Rightarrow$ $x=-\frac{22}{5}$ या $\frac{2}{5}$

(ii) द्वितीय प्रकार (Second Type)

माना समीकरण निम्न है

$$\frac{N_1}{D_1}=\frac{N_2}{D_2}$$

अब, यदि $N_1+N_2=D_1+D_2$

तब, वैदिक सूत्र "शून्यम् समुच्चये" से

$$N_1+N_2=0$$

तथा अब, $N_1-D_1=(-1)(N_2-D_2)$

इस प्रकार, $N_1-D_1=0$

उदाहरण 2. *समीकरण* $\frac{19x+7}{12x-11}=\frac{6x-39}{13x-21}$ *को हल कीजिए।*

हल यहाँ $N_1=19x+7,\ N_2=6x-39$

$D_1=12x-11$ तथा $D_2=13x-21$

अब, $N_1+N_2=19x+7+6x-39$

$$=25x-32$$

तथा $D_1 + D_2 = 12x - 11 + 13x - 21$

$= 25x - 32$

$\Rightarrow$ $N_1 + N_2 = D_1 + D_2$

इस प्रकार, $25x - 32 = 0$

$\Rightarrow$ $x = \dfrac{32}{25}$

अब, $N_1 - D_1 = 19x + 7 - 12x + 11 = 7x + 18$

तथा $N_2 - D_2 = 6x - 39 - 13x + 21$

$= -7x - 18$

$= -(7x + 18) = -(N_1 - D_1)$

इस प्रकार, $7x + 18 = 0$

$\Rightarrow$ $x = -\dfrac{18}{7}$

अतः दोनों मूल $\dfrac{32}{25}$ व $\dfrac{-18}{7}$ हैं।

(iii) तृतीय प्रकार (Third Type)

माना समीकरण निम्न रूप की है

$$\frac{l+n}{x+(l+n)} + \frac{m-n}{x+(m-n)} = \frac{l}{x+l} + \frac{m}{x+m}$$

इस दशा में

$$N_1 + N_2 = N_3 + N_4$$

तब, एक मूल शून्य होगा, अर्थात् $x = 0$ तथा दूसरा मूल $D_1 + D_2 = D_3 + D_4 = 0$ का प्रयोग करके ज्ञात किया जा सकता है।

उदाहरण 3. *समीकरण* $\dfrac{4}{9x+4} + \dfrac{5}{9x+5} = \dfrac{1}{9x+1} + \dfrac{8}{9x+8}$ *को हल कीजिए।*

हल यहाँ $N_1 + N_2 = 4 + 5 = 9$

तथा $N_3 + N_4 = 1 + 8 = 9$

$\Rightarrow$ $N_1 + N_2 = N_3 + N_4$

$\therefore$ $x = 0$

अब, $D_1 + D_2 = 9x + 4 + 9x + 5 = 18x + 9$

तथा $D_3 + D_4 = 9x + 1 + 9x + 8 = 18x + 9$

$\Rightarrow$ $D_1 + D_2 = D_3 + D_4$

इस प्रकार, दूसरा मूल निम्न द्वारा दिया जा सकता है

$18x + 9 = 0$

$\Rightarrow$ $x = -\dfrac{9}{18} = -\dfrac{1}{2}$

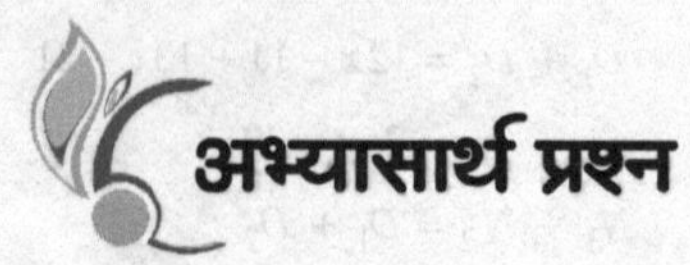

अभ्यासार्थ प्रश्न

अभ्यास 1

निम्न समीकरणों को हल कीजिए।

1. $x + \frac{1}{x} = \frac{17}{4}$

2. $4x^2 - 4x + 1 = 0$

3. $\frac{5x+9}{5x-9} - \frac{5x-9}{5x+9} = \frac{56}{45}$

4. $\frac{3x+4}{6x+7} = \frac{5x+6}{2x+3}$

5. $\frac{2}{x+2} + \frac{3}{x+3} = \frac{4}{x+4} + \frac{1}{x+1}$

6. $\frac{2}{x+2} + \frac{3}{x+3} = \frac{5}{x+5}$

7. $\frac{6}{5x+6} + \frac{5}{6x+5} = \frac{2}{x+2} + \frac{1}{30x+1}$

8. $\frac{2}{x+2} + \frac{9}{x+9} = \frac{3}{x+3} + \frac{8}{x+8}$

9. $\frac{8}{x+4} + \frac{21}{x+7} = \frac{15}{x+3}$

10. $\frac{4x+3}{x+24} + \frac{7x+3}{x+12} = \frac{11x+3}{x+8}$

अभ्यास 2

1. यदि $6x^2 + 11x + 3 = 0$, तब $x = ?$

(a) $\frac{1}{3}, \frac{4}{3}$ (b) $\frac{1}{3}, \frac{-4}{3}$

(c) $\frac{1}{3}, -3$ (d) इनमें से कोई नहीं

2. यदि $48x^2 - 13x - 1 = 0$, तब $x = ?$

(a) $\frac{1}{3}, \frac{1}{16}$ (b) $\frac{1}{3}, \frac{-1}{16}$

(c) $\frac{1}{3}, 16$ (d) इनमें से कोई नहीं

3. यदि $\frac{1}{(x+4)} + (x+4) = \frac{82}{9}$, तब $x = ?$

(a) $5, -\frac{35}{9}$ (b) $\frac{35}{9}, 5$

(c) $\frac{35}{9}, \frac{1}{5}$ (d) इनमें से कोई नहीं

4. यदि $\frac{x}{x+4} + \frac{x+4}{x} = \frac{145}{12}$, तब $x = ?$

(a) $\frac{-48}{11}, \frac{1}{11}$ (b) $\frac{48}{11}, \frac{4}{11}$ (c) $\frac{-48}{11}, \frac{4}{11}$ (d) इनमें से कोई नहीं

5. यदि $\frac{19x+7}{12x-11} = \frac{6x-39}{13x-21}$, तब $x = ?$

(a) $\frac{32}{25}, \frac{-18}{7}$ (b) $\frac{32}{15}, \frac{18}{7}$ (c) $\frac{32}{15}, \frac{8}{17}$ (d) इनमें से कोई नहीं

उत्तरमाला

अभ्यास 1

1. $4, \frac{1}{4}$

2. $\frac{1}{2}$

3. $\frac{63}{10}, \frac{18}{-35}$

4. $-\frac{5}{4}, -1$

5. $-\frac{5}{2}, 0$

6. $0, -2\frac{1}{2}$

7. $0, -\frac{61}{60}$

8. $0, -\frac{11}{2}$

9. $0, -\frac{31}{7}$

10. $0, -\frac{1392}{91}$

अभ्यास 2

1. (b)

2. (b)

3. (a)

4. (c)

5. (a)

घन समीकरणें (Cubic Equations)

एक घन समीकरण को हल करने के लिए हम वैदिक सूत्रों "लोपनास्थापनाभ्याम्", "परावर्त्य योजयेत्" तथा "पूर्णा अपूर्णाभ्याम्" का प्रयोग करते हैं।

परन्तु "पूर्णा अपूर्णाभ्याम्" तथा "परावर्त्य योजयेत्" को एक साथ प्रयोग करके घन समीकरण को हल किया जा सकता है।

पूर्णा तथा परावर्त्य का प्रयोग करके घन समीकरण को हल करना

(To Solve Cubic Equations using Purna and Paravartya)

वैदिक सूत्रों "पूर्णा अपूर्णाभ्याम्" तथा "परावर्त्य योजयेत्" को साथ-साथ उपयोग किया जाता है।

ये वैदिक सूत्र $ax^3 + bx^2 + cx + d = 0$ के रूप की घन समीकरण को हल करने में प्रयुक्त किया जाता है। सबसे पहले इस समीकरण को $t^3 + 3mt + n = 0$ के रूप में व्यक्त करते हैं तथा n के इस प्रकार गुणनखण्ड ज्ञात करते हैं कि इसके पहले गुणनखण्ड तथा दूसरे गुणनखण्ड के वर्ग का योग $3m$ के बराबर है तथा इस समीकरण को हल करते हैं।

यह प्रक्रिया निम्न उदाहरणों से स्पष्ट हो जाएगी।

उदाहरण 1. $x^3 + 6x^2 + 11x + 6 = 0$ *को हल कीजिए।*

हल हम जानते हैं कि

$$(x + 2)^3 = x^3 + 6x^2 + 12x + 8$$

अब $$x^3 + 6x^2 + 11x + 6 = 0$$

$$\Rightarrow \quad (x + 2)^3 - 12x - 8 + 11x + 6 = 0$$

$$\Rightarrow \quad (x + 2)^3 = x + 2$$

माना $$t = x + 2$$

$$\therefore \quad t^3 - t = 0$$

$$\Rightarrow \quad t(t - 1)(t + 1) = 0$$

$$\Rightarrow \quad t = 0, t = 1 \text{ या } t = -1$$

$$\Rightarrow \quad x + 2 = 0, x + 2 = 1, \text{ या } x + 2 = -1$$

$$\Rightarrow \quad x = -2, x = -1, x = -3$$

उदाहरण 2. $x^3 + 9x^2 + 24x + 16 = 0$ *को हल कीजिए।*

हल हम जानते हैं कि

$$(x + 3)^3 = x^3 + 9x^2 + 27x + 27$$

$$\therefore \quad x^3 + 9x^2 + 24x + 16 = 0$$

$$\Rightarrow \quad (x+3)^3 - 27x - 27 + 24x + 16 = 0$$

$$\Rightarrow \quad (x+3)^3 - 3x - 11 = 0$$

$$\Rightarrow \quad (x+3)^3 - 3(x+3) - 2 = 0$$

माना $\quad x + 3 = t$

$$\therefore \quad t^3 - 3t - 2 = 0$$

अब 2 के इस प्रकार गुणनखण्ड ज्ञात करते हैं कि पहले गुणनखण्ड का वर्ग तथा दूसरे गुणनखण्ड का योग 3 के बराबर हो, अर्थात्

$$3 = 1^2 + 2$$

$$t^3 - (1^2 + 2)t - 2 = 0$$

$$\Rightarrow \quad t^3 - t - 2t - 2 = 0$$

$$\Rightarrow \quad t(t^2 - 1) - 2(t+1) = 0$$

$$\Rightarrow \quad (t+1)\{t(t-1) - 2\} = 0$$

$$\Rightarrow \quad (t+1)(t^2 - t - 2) = 0$$

$$\Rightarrow \quad (t+1)(t+1)(t-2) = 0$$

$$\Rightarrow \quad (t+1)^2(t-2) = 0$$

$$\Rightarrow \quad t = -1 \text{ या } t = 2$$

$$\Rightarrow \quad x + 3 = -1 \text{ या } x + 3 = 2$$

$$\Rightarrow \quad x = -4 \text{ या } x = -1$$

यदि समीकरण $x^3 + 3mx + n = 0$ के रूप की ही हो तथा n को दो गुणनखण्डों में इस प्रकार विभाजित नहीं किया जा सकता है कि एक गुणनखण्ड व दूसरे गुणनखण्ड के वर्ग का योग 3m के बराबर हो,

तब माना $\quad x^3 = p^3 + q^3 + 3pqx$

यह मान दी गई समीकरण में रखने पर,

$$(p^3 + q^3) + 3pqx + 3mx + n = 0$$

$$\Rightarrow \quad (3pq + 3m)x + (p^3 + q^3) + n = 0$$

अब माना $\quad 3pq + 3m = 0,$

तब $\quad x = p - \dfrac{m}{p}$

$$\Rightarrow \quad p^6 + bp^3 - m^3 = 0$$

$$\Rightarrow \quad p^3 = \frac{-b \pm \sqrt{b^2 + 4m^3}}{2}$$

$$\Rightarrow \quad p = \left[\frac{-b \pm \sqrt{b^2 + 4m^3}}{2}\right]$$

अब q का मान भी ज्ञात किया जा सकता है।

उदाहरण 3. $x^3 - 2x - 1 = 0$ *को हल कीजिए।*

हल यह समीकरण $x^3 + 3mx + n = 0$ के रूप की समीकरण है।

यहाँ 1 को इस प्रकार गुणनखण्डित नहीं किया जा सकता है कि एक गुणनखण्ड व दूसरे गुणनखण्ड के वर्ग का योग –2 के समान हो।

इसलिए माना

$$x^3 = p^3 + q^3 + 3pqx$$

यह मान दी गई समीकरण में रखने पर,

$$p^3 + q^3 + 3pqx - 2x - 1 = 0$$

$$(3pq - 2)x + p^3 + q^3 - 1 = 0$$

$$3pq - 2 = 0$$

$\Rightarrow$ $$q = \frac{2}{3p}$$

$\therefore$ $$x = p + \frac{2}{3p}$$

$\therefore$ $$p^3 + \left(\frac{2}{3p}\right)^3 - 1 = 0$$

$\Rightarrow$ $$p^3 + \frac{8}{27p^3} - 1 = 0$$

$\Rightarrow$ $$27p^6 - 27p^3 + 8 = 0$$

$\therefore$ $$p^3 = \frac{27 \pm \sqrt{(-27)^3 - 4 \times 27 \times 8}}{2 \times 27}$$

$\Rightarrow$ $$p = \left(\frac{-9 \pm \sqrt{-15}}{18}\right)^{1/3}$$

तथा $$q = \frac{2}{3}\left(\frac{-9 \pm \sqrt{-15}}{18}\right)^{-1/3}$$

घन समीकरणों के विशिष्ट प्रकार (Special Types of Cubic Equations)

हमने घन समीकरणों को निम्न प्रकार विभाजित कर रखा है—

(i) प्रथम प्रकार (First Type)

माना समीकरण निम्न है

$$\frac{1}{ax+b} + \frac{1}{cx+d} = \frac{1}{ex+f} + \frac{1}{gx+h}$$

यहाँ $$D_1 + D_2 = D_3 + D_4$$

$\Rightarrow$ $$D_1 + D_2 = D_3 + D_4 = 0$$ ("शून्य साम्य समुच्चय के प्रयोग से")

तथा $$D_1 - D_2 = D_3 - D_4$$

तथा $$D_1 - D_2 = D_4 - D_3$$

जिनसे x के अन्य मान प्राप्त हो जाएँगे।

उदाहरण 4. *समीकरण* $\frac{1}{2x-5} + \frac{1}{8-3x} = \frac{1}{6x-7} + \frac{1}{10-7x}$ *को हल कीजिए।*

हल $\because$ $D_1 = 2x - 5, D_2 = 8 - 3x, D_3 = 6x - 7$

तथा $$D_4 = 10 - 7x$$

यहाँ $D_1 + D_2 = 2x - 5 + 8 - 3x$

$= 3 - x$

तथा $D_3 + D_4 = 6x - 7 + 10 - 7x$

$= 3 - x$

$\Rightarrow$ $D_1 + D_2 = D_3 + D_4$

$\therefore$ "शून्य साम्य समुच्चय" से

$3 - x = 0 \Rightarrow x = 3$

अब $D_1 - D_2 = D_3 - D_4$

$(2x - 5) - (8 - 3x) = (6x - 7) - (10 - 7x)$

$\Rightarrow$ $2x - 5 - 8 + 3x = 6x - 7 - 10 + 7x$

$\Rightarrow$ $5x - 13 = 13x - 17$

$\Rightarrow$ $8x = 4 \Rightarrow x = \frac{1}{2}$

अब $D_1 - D_2 = D_4 - D_3$

$\Rightarrow$ $(2x - 5) - (8 - 3x) = (10 - 7x) - (6x - 7)$

$\Rightarrow$ $2x - 5 - 8 + 3x = 10 - 7x - 6x + 7$

$\Rightarrow$ $5x - 13 = 17 - 13x$

$\Rightarrow$ $18x = 30$

$\Rightarrow$ $x = \frac{30}{18} = \frac{5}{3}$

(ii) द्वितीय प्रकार (Second Type)

माना समीकरण निम्न है

$$\left\{\frac{ax+b}{cx+d}\right\}^2 = \frac{ex+f}{gx+h}$$

यहाँ $\{(ax+b)-(cx+d)\} = \{(ex+f)-(gx+h)\}$

इसलिए समीकरण का हल निम्न है

$$(ax+b)-(cx+d) = 0$$

दूसरे हलों को निम्न समीकरण से प्राप्त किया जा सकता है

$$(ax+b+cx+d)(gx+h) = (cx+d)^2$$

उदाहरण 5. *निम्न को हल कीजिए*

$$\left(\frac{3x+7}{x+1}\right)^2 = \frac{5x+8}{3x+2}$$

हल चूँकि दी गई समीकरण निम्न समीकरण के जैसी है

$$\left(\frac{ax+b}{cx+d}\right)^2 = \frac{ex+f}{gx+h}$$

$\therefore$ यहाँ, $ax + b = 3x + 7, cx + d = x + 1,$

$ex + f = 5x + 8$ तथा $gx + h = 3x + 2$

$\therefore \quad (3x + 7) - (x + 1) = 0$

$\Rightarrow \quad 3x + 7 - x - 1 = 0$

$\Rightarrow \quad 2x = -6 \Rightarrow x = -3$

अन्य हलों के लिए

$$(3x + 7 + x + 1)(3x + 2) = (x + 1)^2$$

$\Rightarrow \quad (4x + 8)(3x + 2) = x^2 + 2x + 1$

$\Rightarrow \quad 12x^2 + 32x + 16 = x^2 + 2x + 1$

$\Rightarrow \quad 11x^2 + 30x + 15 = 0$

$\Rightarrow \quad x = \dfrac{-30 \pm \sqrt{900 - 60 \times 11}}{22}$

$$= \frac{-30 \pm 2\sqrt{60}}{22}$$

$$= \frac{-15 \pm \sqrt{60}}{11}$$

(iii) तृतीय प्रकार (Third Type)

माना समीकरण निम्न है

$$(x - m)^3 + (x - n)^3 = (x - m - p)^3 + (x - n + p)^3$$

तब $\quad x = \dfrac{1}{2}(m + n)$ (“शून्य साम्य समुच्चय” से)

उदाहरण 6. *निम्न को हल कीजिए*

$$(x - 59)^3 + (x - 21)^3 = (x - 34)^3 + (x - 46)^3$$

हल दी गई समीकरण को निम्न प्रकार लिखा जा सकता है

$$(x - 59)^3 + (x - 21)^3 = (x - 59 + 25)^3 + (x - 21 - 25)^3$$

$\therefore \quad x = \dfrac{59 + 21}{2}$

$$= 40$$

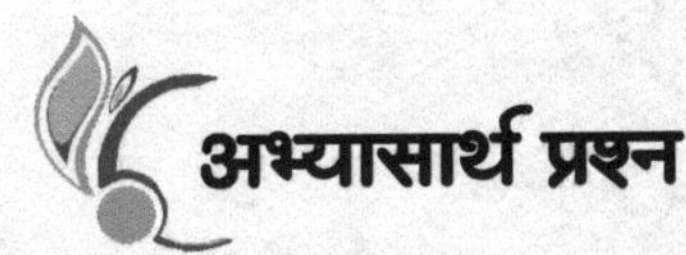

अभ्यासार्थ प्रश्न

निम्न घन समीकरणों को सरल कीजिए।

1. $x^3 - 6x^2 + 11x - 6 = 0$
2. $x^3 + 6x^2 - 37x + 30 = 0$
3. $x^3 + 7x^2 + 14x + 8 = 0$
4. $x^3 + 8x^2 + 17x + 10 = 0$
5. $x^3 + 18x^2 + 27x + 18 = 0$
6. $x^3 + 9x^2 + 26x + 24 = 0$
7. $x^3 + 11x + 1 = 0$
8. $\frac{1}{x+3} + \frac{1}{4x+5} = \frac{1}{2x+7} + \frac{1}{3x+1}$
9. $\left(\frac{3x-5}{x-8}\right)^2 = \frac{3x+4}{x+1}$
10. $(x-7)^3 + (x-8)^3 = (x-9)^3 + (x-6)^2$

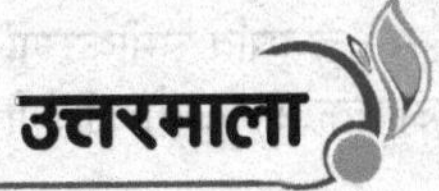

उत्तरमाला

1. $x = 3, 1, 2$
2. $x = 1, 3, -10$
3. $x = -2, 4, \pm 1$
4. $x = -2, -1, -5$
5. $x = -3, -6, -1$
6. $x = -3, -2, -4$
7. $x = p + q, p = \left(\frac{-9 \pm \sqrt{47997}}{18}\right)^{1/3}, q = \frac{-11}{\left(\frac{-9 \pm \sqrt{47997}}{18}\right)^{1/3}}$
8. $x = 1, -4, -8/5$
9. $x = -\frac{3}{2}, \frac{-7 \pm \sqrt{973}}{6}$
10. $x = \frac{15}{2}$

14 चतुर्घात समीकरणें (Biquadratic Equations)

चतुर्घात समीकरणें वे होती हैं जिनकी कोटि 4 होती है। चतुर्घात समीकरणों को हल करने के लिए वैदिक सूत्रों "पूर्णा" व "परावर्त्य योजयेत्" का प्रयोग घन समीकरणों के उपयोग की भाँति ही करते हैं।

हम जानते हैं कि

$$(x+a)^4 = x^4 + 4x^3a + 6x^2a^2 + 4xa^3 + a^4$$

चतुर्घात समीकरणों को हल करने की प्रक्रिया पिछले अध्याय जैसी ही है परन्तु यह निम्न उदाहरण द्वारा अधिक स्पष्ट हो जाएगी।

उदाहरण 1. $x^4 + 8x^3 + 14x^2 - 8x - 15 = 0$ *को हल कीजिए।*

हल हम जानते हैं कि

$$(x+2)^4 = x^4 + 8x^3 + 24x^2 + 32x + 16$$

$\therefore \quad (x+2)^4 - 24x^2 - 32x - 16 + 14x^2 - 8x - 15 = 0$

$\Rightarrow \quad (x+2)^4 - 10x^2 - 40x - 31 = 0$

$\Rightarrow \quad (x+2)^4 - 10(x+2)^2 + 9 = 0$

माना $\quad x + 2 = t$

$\therefore \quad t^4 - 10t^2 + 9$

$\Rightarrow \quad t = \pm 1$ या ± 3

अतः $x = -1, -3, +1$ या -3

यदि समीकरण निम्न रूप की हो,

$$(x+m+n)^4 + (x+m-n)^4 = p$$

तब, माना $x + m = y$ तथा इसे हल करते हैं।

उदाहरण 2. *समीकरण* $(x+8)^4 + (x+6)^4 = 82$ *को हल कीजिए।*

हल दी गई समीकरण को निम्न प्रकार लिखा जा सकता है

$$(x+7+1)^4 + (x+7-1)^4 = 82$$

माना $x + 7 = y$

$\therefore \quad (y+1)^4 + (y-1)^4 = 82$

$\Rightarrow \quad y^4 + 6y^2 - 40 = 0$

$\Rightarrow \quad (y^2+10)(y^2-4) = 0$

$\Rightarrow \quad y = \pm 2, \ \pm\sqrt{-10}$

$\Rightarrow \quad x = -5, -9, -7 \pm \sqrt{-10}$

अभ्यासार्थ प्रश्न

निम्न चतुर्घात समीकरणों को हल कीजिए।

1. $x^4 + 4x^3 - 25x^2 - 16x + 84 = 0$
2. $x^4 + 16x^3 + 86x^2 + 176x + 105 = 0$
3. $x^4 - 16x^3 + 91x^2 - 216x + 180 = 0$
4. $(x+9)^4 + (x+3)^3 = 882$
5. $(x+7)^4 + (x+5)^4 = 706$

उत्तरमाला

1. $x = -2, 2, 3$ या -7
2. $x = -3, -5, -1, -7$
3. $x = 3, 5, 6$ या 2
4. $x = 6 \pm \sqrt{6}, 6 \pm \sqrt{-60}$
5. $x = 10, 2, -6 \pm \sqrt{-22}$

युगपत समीकरणें (Simultaneous Equations)

दो या दो से अधिक चरों की युगपत समीकरणों को हल करने के लिए वैदिक सूत्र ''परावर्त्य योजयेत्'' का प्रयोग करते हैं। जिसका अर्थ ''परावर्त व समायोजन'' है। ''लोपनास्थापनाभ्याम्'' का भी प्रयोग किया जा सकता है। युगपत समीकरण को निम्न प्रकारों में विभाजित किया जा सकता है

(i) प्रथम प्रकार (First Type)

माना समीकरणें निम्न हैं

$$a_1x+b_1y=c_1$$

तथा

$$a_2x+b_2y=c_2$$

तब ''परावर्त्य योजयेत्'' नियम से

$$x=\frac{b_1c_2-b_2c_1}{a_2b_1-a_1b_2}$$

तथा

$$y=\frac{a_2c_1-a_1c_2}{a_2b_1-a_1b_2}$$

उदाहरण 1. *सरल कीजिए*

$$2x-7y=9$$
$$4x-3y=5$$

हल यहाँ $a_1=2, b_1=-7, c_1=9$,

$$a_2=4, b_2=-3, c_2=5$$

तब वैदिक सूत्र ''परावर्त्य योजयेत्'' से

$$x=\frac{-7\times5-(-3)\times9}{4\times(-7)-2\times(-3)}$$
$$=\frac{-35+27}{-28+6}$$
$$=\frac{-8}{-22}$$
$$=\frac{4}{11}$$

तथा

$$y=\frac{4\times9-2\times5}{4\times(-7)-2\times(-3)}$$

$$= \frac{36-10}{-22}$$
$$= \frac{26}{-22}$$
$$= \frac{-13}{11}$$

अतः $x = \frac{4}{11},\ y = \frac{-13}{11}$

(ii) द्वितीय प्रकार (Second Type)

माना समीकरणें

$$a_1x + b_1y = c_1$$

तथा $a_2x + nb_1y = nc_1$

इस प्रकार है कि $b_1 : nb_1 :: c_1 : nc_1$

तब "आनुरूपेण शून्यतेः" से

$$x = 0,\ y = \frac{c_1}{b_1}$$

उदाहरण 2. *निम्न को हल कीजिए*

$$7x + 115y = 21$$
$$63x + 403y = 189$$

हल $\because$ $7 : 63 :: 21 : 189$

$\therefore$ $y = 0$

तथा $x = \frac{21}{7}$

$$= \frac{3}{1} = 3$$

(iii) तृतीय प्रकार (Third Type)

माना समीकरणें निम्न हैं

$$ax + by = c_1$$

तथा $bx + cy = c_2$

पहले समीकरणों को जोड़कर एक समी (i) बनाते हैं तथा अब इन समीकरणों को घटाकर समी (ii) बनाते हैं। अब समी (i) व (ii) को हल करके x व y का मान प्राप्त करते हैं।

उदाहरण 3. *निम्न को सरल कीजिए*

$$17x + 23y = 46 \quad \ldots(i)$$
$$23x + 17y = 34 \quad \ldots(ii)$$

हल समी (i) व (ii) को जोड़ने पर,

$$40(x + y) = 80$$

$$\Rightarrow \qquad x + y = 2 \qquad \ldots\text{(iii)}$$

अब समी (i) व (ii) को घटाने पर,

$$-6(x - y) = 12$$

$$\Rightarrow \qquad x - y = -2 \qquad \ldots\text{(iv)}$$

समी (iii) व (iv) को हल करने पर,

$x = 0$ तथा $y = 2$

(iv) चतुर्थ प्रकार (Fourth Type)

इस प्रकार की समीकरणों व हल को निम्न उदाहरण से स्पष्ट किया गया है।

उदाहरण 4. *निम्न को सरल कीजिए*

$$x - y = 1$$

तथा $\qquad xy = 110$

हल ''विलोकनम्'' से

$x = 11$ तथा $y = 10$

या $\quad x = -10$ व $y = -11$

ये विधियाँ दो से अधिक चरों के लिए भी उपयोगी हैं।

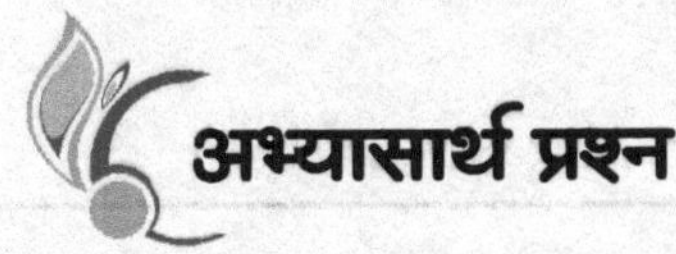

अभ्यासार्थ प्रश्न

अभ्यास 1

निम्न समीकरणों को हल कीजिए।

1. $2x + y = 5, 3x - 4y = 2$
2. $5x - 3y = 11, 6x - 5y = 9$
3. $12x + 8y = 7, 16x + 16y = 14$
4. $51x + 78y = 12, 10x + 10y = 16$
5. $17x + 91y = 455, 1023x + 13y = 65$
6. $45x - 23y = 113, 23x - 45y = 91$
7. $105x + 117y = 393, 117x + 105y = 273$
8. $3x + 4y = 30, xy = 12$
9. $x^3 - y^3 = 91, x - y = 1$
10. $2x + 3y - z = 1$

    $x + 2y - 3z = 2$

    $3x - y + 2z = 4$

अभ्यास 2

निम्न को x व y के लिए हल कीजिए।

1. $x - y = 3, 3x - 2y = 10$

   (a) $x = 4, y = 1$ (b) $x = 3, y = 2$
   (c) $x = 0, y = -3$ (d) इनमें से कोई नहीं

2. $2x - 5y + 8 = 0, x - 4y + 7 = 0$

   (a) $x = 1, y = 1$ (b) $x = 1, y = 2$
   (c) $x = 4, y = 3$ (d) $x = 0, y = \frac{7}{4}$

3. $31x + 23y = 39, 23x + 31y = 15$

   (a) $x = 2, y = -1$ (b) $x = 2, y = 1$
   (c) $x = 2, y = -2$ (d) $x = 2, y = -3$

4. $23x + 37y = 32,$
   $37x + 23y = 88$

   (a) $x = 2, y = 3$ (b) $x = \frac{1}{2}, y = \frac{1}{3}$
   (c) $x = 3, y = -1$ (d) इनमें से कोई नहीं

5. $x + 3y = 17, 4x + 9y = 51$

   (a) $x = 3, y = 0$ (b) $x = 0, y = \frac{17}{3}$
   (c) $x = 0, y = 3$ (d) इनमें से कोई नहीं

उत्तरमाला

अभ्यास 1

1. $x = 2,\ y = 1$
2. $x = 4,\ y = 3$
3. $x = 0,\ y = \frac{7}{8}$
4. $x = 1,\ y = 0$
5. $x = 0,\ y = 5$
6. $x = 2,\ y = -1$
7. $x = -\frac{7}{2},\ y = \frac{13}{2}$
8. $x = 8,\ y = \frac{3}{2}$ या $x = 2,\ y = 6$
9. $x = 6,\ y = 5$ या $x = -5,\ y = -6$
10. $y = \frac{-23}{24}, x = \frac{37}{24}, z = \frac{-19}{24}$

अभ्यास 2

1. (a)
2. (b)
3. (a)
4. (c)
5. (b)

16 गुणनखण्डन एवं अवकल कलन (Factorization and Differential Calculus)

"गुणित समुच्चय:" जिसका अर्थ है कि "सम्पूर्ण गुणनफल समान है" अर्थात् यदि एक द्विघात व्यंजक दो व्यंजकों $(a+b)$ व $(a+d)$ के गुणनफल के बराबर है, तब इसका प्रथम अवकलन इन दो व्यंजकों के योग के समान होगा।

उदाहरण 1. *फलन x^2+3x+2 के लिए "गुणित समुच्चय:" की जाँच कीजिए।*

हल $\because$ $$x^2+3x+2=(x+1)(x+2)$$

अब, $$\frac{d}{dx}(x^2+3x+2)=2x+3$$

तथा $$x+1+x+2=2x+3$$

$\therefore$ $$\frac{d}{dx}(x^2+3x+2)=(x+1)+(x+2)$$

इस प्रकार, गुणनखण्डों का योग, गुणनखण्डों के गुणनफल के अवकलन के बराबर है।

अवकल कलन का प्रयोग करके गुणनखण्डन (Factorization using Differential Calculus)

गुणनखण्ड व अवकल कलन में एक घनिष्ठ सम्बन्ध है। सतत् अवकलन का उपयोग करके पुनरावृत्ति गुणनखण्डों को जाँचने के लिए इस सम्बन्ध का प्रयोग करते हैं। जिसका अध्ययन आप अध्याय 12 में कर चुके हैं।

17 आंशिक भिन्नें (Partial Fractions)

किसी भी परिमेय भिन्न को विभिन्न भागों में परिवर्तित करने के लिए वैदिक सूत्र "परावर्त्य योजयते्" का प्रयोग करते है जिसका अर्थ "पक्षान्तरण तथा समायोजन" है। आंशिक भिन्न ज्ञात करने की पारम्परिक विधि बहुत लम्बी है क्योंकि उसमें चरणों की संख्या अधिक तथा कठिन गणनाएँ हैं।

आंशिक भिन्न के प्रकार (Type of Partial Fractions)

हमने आंशिक भिन्न को निम्न प्रकारों में विभाजित किया है

(i) जब हर में पदों की पुनरावृत्ति न हो

(ii) जब अंश व हर की कोटि समान हो

(iii) जब हर में पदों की पुनरावृत्ति हो

(i) जब हर में पदों की पुनरावृत्ति न हो (When Denominator has no Repeated Terms)

वैदिक सूत्र "परावर्त्य योजयेत्" का प्रयोग करके आंशिक भिन्न ज्ञात कर सकते हैं। इसकी विधि को निम्न उदाहरणों की सहायता से समझा जा सकता है।

उदाहरण 1. $\frac{2x+3}{(x+1)(x+2)}$ *को आंशिक भिन्नों में परिवर्तित कीजिए।*

हल माना $$\frac{2x+3}{(x+1)(x+2)} = \frac{A}{(x+1)} + \frac{B}{(x+2)}$$

अब $x+1=0$ रखने पर, $x=-1$

$$\therefore \quad A \text{ का मान } = \frac{2\times(-1)+3}{-1+2}$$

$$= \frac{-2+3}{1} = 1$$

तथा अब $x+2=0$ रखने पर,

$$\Rightarrow \quad x = -2$$

$$\therefore \quad B \text{ का मान} = \frac{2\times(-2)+3}{-2+1}$$

$$= \frac{-4+3}{-1} = \frac{-1}{-1} = 1$$

$$\therefore \quad \frac{2x+3}{(x+1)(x+2)} = \frac{1}{x+1} + \frac{1}{x+2}$$

उदाहरण 2. $\dfrac{2x+1}{x^3+6x^2+11x+6}$ *को आंशिक भिन्न में परिवर्तित कीजिए।*

हल सबसे पहले इस प्रश्न में $x^3 + 6x^2 + 11x + 6$ के वैदिक सूत्र "पूर्णना" की सहायता से गुणनखण्ड ज्ञात करते हैं।

$$x^3 + 6x^2 + 11x + 6 = (x+1)(x+2)(x+3)$$

माना
$$\frac{2x+1}{(x+1)(x+2)(x+3)} = \frac{A}{x+1} + \frac{B}{x+2} + \frac{C}{x+3}$$

$x + 1 = 0$ रखने पर, $x = -1$

$\therefore$ A का मान $= \dfrac{2\times(-1)+1}{(-1+2)(-1+3)} = \dfrac{-2+1}{1\times 2} = -\dfrac{1}{2}$

अब $x + 2 = 0$ रखने पर, $x = -2$

$\therefore$ B का मान $= \dfrac{2\times(-2)+1}{(-2+1)(-2+3)}$

$= \dfrac{-4+1}{(-1)(1)} = 3$

तथा अब $x + 3 = 0$ रखने पर, $x = -3$

$\therefore$ C का मान $= \dfrac{2\times(-3)+1}{(-3+1)(-3+2)}$

$= \dfrac{-6+1}{(-2)(-1)} = -\dfrac{5}{2}$

अत:
$$\frac{2x+1}{(x+1)(x+2)(x+3)} = -\frac{1}{2(x+1)} + \frac{3}{(x+2)} - \frac{5}{2(x+3)}$$

निम्नलिखित उपरोक्त वर्णन का व्यापक सूत्र है

$$\frac{lx^2+mx+n}{(x-a)(x-b)(x-c)} = \frac{A}{x-a} + \frac{B}{x-b} + \frac{C}{x-c}$$

$$A = \frac{la^2+ma+n}{(a-b)(a-c)}, B = \frac{lb^2+mb+n}{(b-c)(b-a)}$$

तथा
$$C = \frac{lc^2+mc+n}{(c-a)(c-b)}$$

(ii) जब अंश व हर की कोटि समान हो

(When the Order of Numerator and Denominator are Same)

जब अंश व हर की कोटि समान हो, सबसे पहले अंश को हर से भाग देकर अनुचित भिन्न (Improper fraction) से उचित भिन्न (Proper fraction) में परिवर्तित करते हैं परन्तु शेष प्रक्रिया पूर्णत: समान रहती है।

उदाहरण 3. $\dfrac{5x^2+9x-12}{x^2+x-42}$ *को आंशिक भिन्न में परिवर्तित कीजिए।*

हल $\because$
$$\frac{5x^2+9x-12}{x^2+x-42} = 5 + \frac{4x+198}{x^2+x-42}$$

अब, $\dfrac{4x+198}{x^2+x-42}$ को आंशिक भिन्न में परिवर्तित करेंगे।

$$\frac{4x+198}{x^2+x-42}=\frac{A}{(x+7)}+\frac{B}{(x-6)}$$

$x+7=0$ रखने पर, $x=-7$

$\therefore$ A का मान $= \dfrac{4\times(-7)+198}{-7-6}$

$= \dfrac{-28+198}{-13}$

$= -\dfrac{170}{13}$

अब, $x-6=0$ रखने पर, $x=6$

$\therefore$ B का मान $= \dfrac{4\times 6+198}{6+7}$

$= \dfrac{222}{13}$

अत: $$\frac{5x^2+9x-217}{x^2+x-42}=5-\frac{170}{13(x+7)}+\frac{222}{13(x-6)}$$

(iii) जब हर में पदों की पुनरावृत्ति हो (When Denominator has Repeated Terms)

जब हर में पदों की पुनरावृत्ति हो, तो भिन्न को आंशिक भिन्न में परिवर्तित करने की प्रक्रिया बदल जाती है। प्रक्रिया को निम्न उदाहरण में वर्णित किया गया है।

उदाहरण 4. $\dfrac{5x-7}{(x-3)^2}$ *को आंशिक भिन्न में परिवर्तित कीजिए।*

हल माना $$\frac{5x-7}{(x-3)^2}=\frac{A}{(x-3)^2}+\frac{B}{(x-3)}$$

$x-3=0$ रखने पर, $x=3$

$\therefore$ A का मान $= (5x-7)_{x=3 \text{ पर}} = 5\times 3-7$

$= 15-7=8$

अब, B का मान $= \left[\dfrac{d}{dx}(5x-7)\right]_{x=3} = 5$

इस प्रकार, $$\frac{5x-7}{(x-3)^2}=\frac{8}{(x-3)^2}+\frac{5}{(x-3)}$$

उदाहरण 5. $\dfrac{4x^2+6x-9}{(x+3)^3}$ *को आंशिक भिन्न में परिवर्तित कीजिए।*

हल $$\frac{4x^2+6x-9}{(x+3)^3}=\frac{A}{(x+3)^3}+\frac{B}{(x+3)^2}+\frac{C}{(x+3)}$$

$x+3=0$ रखने पर, $x=-3$

$\therefore$ A का मान $= [4x^2+6x-9]_{x=-3 \text{ पर}}$

$= 4\times(-3)^2+6\times(-3)-9$

$= 36-18-9=9$

तथा $\quad B$ का मान $= \frac{1}{1!}\left[\frac{d}{dx}(4x^2 + 6x - 9)\right]_{x = -3 \text{ पर}}$

$= [8x + 6]_{x = -3 \text{ पर}}$

$= -24 + 6 = -18$

तथा $\quad C$ का मान $= \frac{1}{2!}\left[\frac{d^2}{dx^2}(4x^2 + 6x - 9)\right]_{x = -3 \text{ पर}}$

$= \frac{1}{2!}\left[\frac{d}{dx}(8x + 6)\right]_{x = -3 \text{ पर}}$

$= \frac{1}{2} \times 8 = 4$

अत: $$\frac{4x^2 + 6x - 9}{(x + 3)^3} = \frac{9}{(x + 3)^3} - \frac{18}{(x + 3)^2} + \frac{4}{(x + 3)}$$

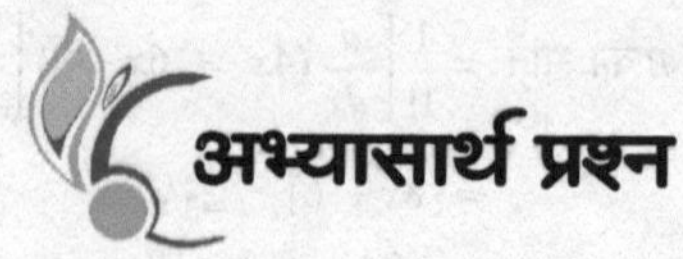

अभ्यासार्थ प्रश्न

अभ्यास 1

निम्न भिन्नों को आंशिक भिन्न में परिवर्तित कीजिए।

1. $\dfrac{4x+3}{(x-1)(x+2)}$

2. $\dfrac{x^3+9}{(x-1)(x-2)(x+5)(x-7)}$

3. $\dfrac{1}{(x+1)(x+3)(x+5)}$

4. $\dfrac{x+2}{x^2-4x+3}$

5. $\dfrac{5x^2+9x-217}{x^2+x-42}$

6. $\dfrac{2x^3-11x^2+12x+1}{x^3-6x^2+11x-6}$

7. $\dfrac{4x^2+6x-9}{(x+6)^3}$

8. $\dfrac{5+2x-2x^2}{(x^2-1)(x+1)}$

9. $\dfrac{5x^4-2x+256}{x(x+4)^4}$

10. $\dfrac{x^3+3x+1}{(1-x)^4}$

अभ्यास 2

निम्न भिन्नों को आंशिक भिन्न में वियोजित कीजिए।

1. $\dfrac{2x+3}{x^2-2x-3}$

(a) $\dfrac{9}{4(x+3)}+\dfrac{1}{(x+1)}$

(b) $\dfrac{9}{4(x-3)}-\dfrac{1}{4(x+1)}$

(c) $\dfrac{9}{4(x+3)}-\dfrac{1}{(x+1)}$

(d) इनमें से कोई नहीं

2. $\dfrac{16}{(x-2)\,(x+2)^2}$

(a) $\dfrac{1}{x-2}-\dfrac{1}{x+2}-\dfrac{4}{(x+2)^2}$

(b) $\dfrac{1}{x-2}+\dfrac{1}{x+2}-\dfrac{4}{(x+2)^2}$

(c) $\dfrac{1}{x-2}-\dfrac{1}{x+2}-\dfrac{1}{(x+2)^2}$

(d) इनमें से कोई नहीं

3. $\dfrac{x^3-2x^2-13x-12}{x^2-3x-10}$

(a) $(x+1)-\dfrac{2}{(x-5)}+\dfrac{2}{7(x+2)}$

(b) $(x+1)-\dfrac{2}{7\,(x-5)}+\dfrac{2}{7(x+2)}$

(c) $\dfrac{2}{7\,(x-5)}-\dfrac{2}{7\,(x+2)}$

(d) उपरोक्त में से कोई नहीं

4. $\dfrac{2x+1}{(x-1)(x^2+1)}$

(a) $\dfrac{3}{2(x-1)}+\dfrac{1+3x}{2(x^2+1)}$

(b) $\dfrac{3}{2(x-1)}+\dfrac{1-3x}{x^2+1}$

(c) $\dfrac{3}{2(x-1)}+\dfrac{1-3x}{2(x^2+1)}$

(d) इनमें से कोई नहीं

5. $\dfrac{x^2+x+1}{(x-1)^4}$

(a) $\dfrac{1}{(x-1)^2}+\dfrac{3}{(x-1)^3}+\dfrac{3}{(x-1)^4}$

(b) $\dfrac{1}{(x-1)^2}+\dfrac{3}{(x-1)^3}-\dfrac{3}{(x-1)^4}$

(c) $\dfrac{1}{(x-1)}+\dfrac{3}{(x-1)^2}-\dfrac{3}{(x-1)^3}$

(d) इनमें से कोई नहीं

उत्तरमाला

अभ्यास 1

1. $\dfrac{7}{3(x-1)}+\dfrac{5}{3(x+2)}$

2. $\dfrac{5}{18(x-1)}-\dfrac{17}{35(x-2)}+\dfrac{29}{126(x+5)}+\dfrac{44}{45(x-7)}$

3. $\dfrac{1}{8(x+1)}-\dfrac{1}{4(x+3)}+\dfrac{1}{8(x+5)}$

4. $-\dfrac{3}{2(x-1)}+\dfrac{5}{2(x-3)}$

5. $5+\dfrac{35}{13(x+7)}+\dfrac{17}{13(x-6)}$

6. $2+\dfrac{2}{x-1}+\dfrac{3}{x-2}-\dfrac{4}{x-3}$

7. $\dfrac{99}{(x+6)^3}-\dfrac{42}{(x+6)^2}+\dfrac{4}{(x+6)}$

8. $-\dfrac{1}{2(x+1)^2}-\dfrac{13}{4(x+1)}+\dfrac{5}{4(x-1)}$

9. $\dfrac{1}{x}-\dfrac{592}{(x+4)^4}+\dfrac{224}{(x+4)^3}-\dfrac{64}{(x+4)^2}+\dfrac{4}{x+4}$

10. $\dfrac{5}{(1-x)^4}-\dfrac{6}{(1-x)^3}+\dfrac{3}{(1-x)^2}-\dfrac{1}{(1-x)}$

अभ्यास 2

1. (b) 2. (a) 3. (b) 4. (c)
5. (a)

18 आंशिक भिन्नों द्वारा समाकलन (Integration by Partial Fractions)

x की घातों वाले फलन का समाकलन ज्ञात करने के लिए, हमें निम्न चरणों का अनुपालन करना है

चरण I x के मूल घातांक में 1 जोड़ते हैं।

चरण II नये घातांक से x के गुणांक को भाग करते हैं।

चरण III परिणामी में समाकलन नियतांक जोड़ते हैं।

उदाहरण 1. $x^4 + 6x^3 + 3x^2 + 9x - 7$ *का समाकलन कीजिए।*

हल $\int (x^4 + 6x^3 + 3x^2 + 9x - 7)\, dx$

$$= \frac{x^{4+1}}{4+1} + \frac{6x^{3+1}}{3+1} + \frac{3x^{2+1}}{2+1} + \frac{9x^{1+1}}{1+1} - 7x + C$$

(जहाँ C समाकलन नियतांक है)

$$= \frac{x^5}{5} + \frac{6}{4}x^4 + \frac{3}{3}x^3 + \frac{9}{2}x^2 - 7x + C$$

$$= \frac{x^5}{5} + \frac{3}{2}x^4 + x^3 + \frac{9}{2}x^2 - 7x + C$$

इस सूत्र का व्यापक रूप निम्न है

$$\int x^n\, dx = \frac{x^{n+1}}{n+1} + C$$

तथा यह सूत्र $n = -1$ *के लिए लागू नहीं होता है।*

$$\because \quad \int \frac{1}{x}\, dx = \log x + C$$

आंशिक भिन्न से समाकलन
(Integration using Partial Fraction)

जिन फलनों में अंश व हर होते हैं, के समाकलन के लिए निम्न चरणों का अनुपालन करते हैं

चरण I सबसे पहले हर के गुणनखण्ड ज्ञात करते हैं। यदि वैदिक सूत्र "पूरना" के प्रयोग की आवश्यकता हो, तो इसका प्रयोग करते हैं।

चरण II वैदिक सूत्र "परावर्त्य योजयेत्" का प्रयोग करके फलन को आंशिक भिन्नों में परिवर्तित करते हैं।

चरण III प्रत्येक भिन्न का समाकलन करते हैं। आवश्यकता होने पर प्रतिस्थापन का भी प्रयोग करते हैं तथा समाकलन नियतांक जोड़ते हैं।

उदाहरण 2. $\dfrac{7x-1}{6x^2-5x+1}$ *का समाकलन कीजिए।*

हल $\because \quad \dfrac{7x-1}{6x^2-5x+1} = \dfrac{5}{2x-1} - \dfrac{4}{3x-1}$

$$\therefore \int \frac{7x-1}{6x^2-5x+1}\, dx = \int \left\{\frac{5}{2x-1} - \frac{4}{3x-1}\right\} dx$$

$$= \frac{5}{2}\log(2x-1) - \frac{4}{3}\log(3x-1) + C = \log\frac{(2x-1)^{5/2}}{(3x-1)^{4/3}} + C$$

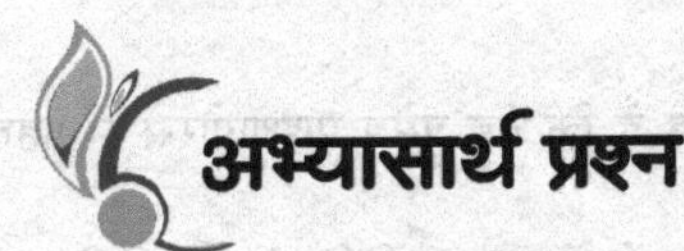

अभ्यासार्थ प्रश्न

निम्न फलनों का समाकलन कीजिए।

1. $(2x+1)^3$
2. (x^6+1)
3. x^2+5x+6
4. $ax^{-2}+bx^{-1}+c$
5. x^2+x-6
6. $3x^2+2x$
7. $\dfrac{1}{x-x^2}$
8. $\dfrac{1}{(x+1)(x+2)}$
9. $\dfrac{1}{(x-1)(x^2+1)}$
10. $\dfrac{x^2+x-1}{x^2+x-6}$
11. $\dfrac{x}{x^4-1}$
12. $\dfrac{1}{x(x^7+1)}$

उत्तरमाला

1. $\dfrac{(2x+1)^4}{8}+C$
2. $\dfrac{x^7}{7}+x+C$
3. $\dfrac{x^3}{3}+\dfrac{5x}{2}+6x+C$
4. $-ax^{-1}+b\log x+cx+d$
5. $\dfrac{x^3}{3}+\dfrac{x^2}{2}-6x+C$
6. x^3+x^2+C
7. $\log x-\log(1-x)+C$
8. $\log\left(\dfrac{x+1}{x+2}\right)+C$
9. $\dfrac{1}{2}\log(x-1)-\dfrac{1}{4}\log(x^2+1)-\dfrac{1}{2}\tan^{-1}x+C$
10. $x-\log(x+3)+\log(x-2)+C$
11. $\dfrac{1}{4}\log\left[\dfrac{x^2-1}{x^2+1}\right]+C$
12. $\dfrac{1}{7}\log\left[\dfrac{x^7}{x^7+1}\right]+C$

पाइथागोरस प्रमेय (Pythagoras Theorem)

यहाँ पर हम केवल यह बता रहे हैं कि यह प्रमेय पाइथागोरस से पहले भारतीयों को पता थी न कि हम इसका यहाँ अनुप्रयोग देखेंगे।

इस प्रमेय का महत्त्वपूर्ण उपयोग निर्देशांक ज्यामिति, त्रिकोणमिति इत्यादि में है।

निम्न दो उपपत्ति यह दिखाएगी की भारतीयों को यह प्रमेय पहले विदित थी।

प्रथम उपपत्ति

माना, $PT = UQ = RV = SW$

तथा $TQ = UR = SV = WP$

$$SQ^2 = UW^2 + 4$$

समकोण सर्वांगसम त्रिभुज

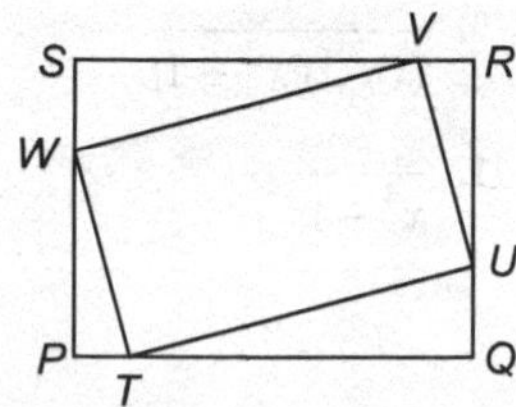

$$\therefore \quad WT^2 + 4\left(\frac{1}{2} WP \times PT\right) = (WP + PT)^2$$

$$\Rightarrow \quad WT^2 + 2WP \times PT = WP^2 + PT^2 + 2WP \times PT$$

$$\Rightarrow \quad WT^2 = WP^2 + PT^2$$

द्वितीय उपपत्ति

हम जानते हैं कि ΔABC व ΔABD व ΔBCA समरूप त्रिभुज हैं।

$$\therefore \quad \frac{AB^2}{AC^2} = \frac{\text{क्षेत्रफल } (\Delta ABD)}{\text{क्षेत्रफल } (\Delta ABC)} \quad \ldots\text{(i)}$$

तथा

$$\frac{BC^2}{AC^2} = \frac{\text{क्षेत्रफल } (\Delta BOD)}{\text{क्षेत्रफल } (\Delta ABC)} \quad \ldots\text{(ii)}$$

समी (i) व (ii) को जोड़ने पर,

$$\frac{AB^2}{AC^2} + \frac{BC^2}{AC^2} = \frac{\text{क्षेत्रफल } (\Delta ABD)}{\text{क्षेत्रफल } (\Delta ABC)} + \frac{\text{क्षेत्रफल } (\Delta BCD)}{\text{क्षेत्रफल } (\Delta ABC)}$$

$$\Rightarrow \quad \frac{AB^2 + BC^2}{AC^2} = \frac{\text{क्षेत्रफल } (\Delta ABD) + \text{क्षेत्रफल } (\Delta BCD)}{\text{क्षेत्रफल } (\Delta ABC)} = \frac{\text{क्षेत्रफल } (\Delta ABC)}{\text{क्षेत्रफल } (\Delta ABC)} = 1$$

$$\Rightarrow \quad AB^2 + BC^2 = AC^2$$

एपोलोनिअस प्रमेय (Appolonius Theorem)

एपोलोनिअस प्रमेय, पाइथागोरस प्रमेय की आरम्भिक उपप्रमेय है। यहाँ पर वैदिक गणित की सहायता से इस प्रमेय की उपपत्ति करेंगे।

सिद्ध करना है

ΔABC में, यदि BC का मध्य बिन्दु D है, तब $AB^2 + AC^2 = 2(AD^2 + BD^2)$

उपपत्ति—माना BC पर लम्ब AE है।

अब, $$AB^2 + AC^2$$

$$= AE^2 + BE^2 + AE^2 + EC^2$$

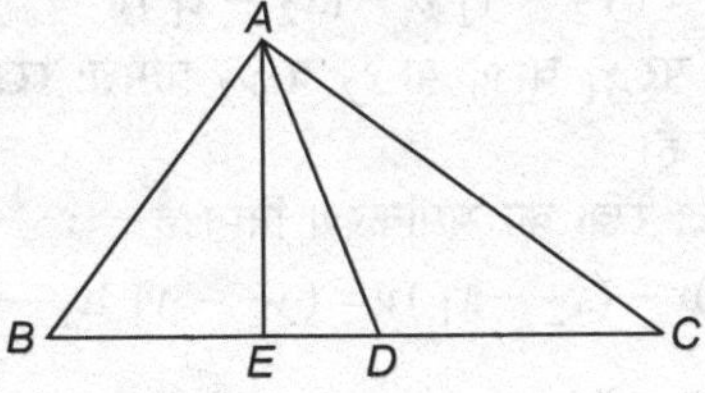

(ΔABE व ΔAEC में)

$$= 2AE^2 + (BD - ED)^2 + (CD + ED)^2$$

$$= 2AE^2 + BD^2 + ED^2 - 2BD \cdot ED + CD^2 + ED^2 + 2CD \cdot ED$$

$$= 2(AE^2 + ED^2) + 2BD^2 - 2BD \cdot ED + 2BD \cdot ED \qquad (\because CD = BD)$$

$$= 2AD^2 + 2BD^2 \qquad (\because \Delta AED \text{ में}, AD^2 = AE^2 + ED^2)$$

अत: $$AB^2 + AC^2 = 2(AD^2 + BD^2)$$

वैश्लेषिक ज्यामिति (Analytical Geometry)

गणित की यह शाखा गणित की अन्य शाखाओं से सम्बन्धित है। वैदिक गणित की इस शाखा के कुछ महत्त्वपूर्ण उपयोग निम्न हैं

सरल रेखा का समीकरण (Equation of a Straight Line)

बिन्दुओं (x_1, y_1) व (x_2, y_2) से होकर जाने वाली सरल रेखा का समीकरण "परावर्त्य योजयेत्" का उपयोग करके ज्ञात की जा सकती है। यह समीकरण ज्ञात करने के लिए निम्न चरणों का अनुपालन करते हैं

चरण I $y_2 - y_1$ का मान ज्ञात करते हैं जो x का गुणांक होता है।

चरण II $x_2 - x_1$ का मान ज्ञात करते हैं जो y का गुणांक होता है। समीकरण का बायां भाग निम्न है

$$(y_2 - y_1)x - (x_2 - x_1)y$$

चरण III x व y के स्थान पर x_1 व y_1 या x_2 व y_2 क्रमशः रखने पर प्राप्त परिमाण समीकरण का दायाँ भाग होता है।

इस प्रकार, सरल रेखा का समीकरण निम्न है

$$(y_2 - y_1)x - (x_2 - x_1)y = (y_2 - y_1)x_1 - (x_2 - x_1)y_1$$

उदाहरण 1. *बिन्दुओं (10, 5) व (18, 9) से होकर जाने वाली सरल रेखा का समीकरण ज्ञात कीजिए।*

हल यहाँ $x_1 = 10, y_1 = 5$ तथा $x_2 = 18, y_2 = 9$

$\therefore$ x का गुणांक $= y_2 - y_1 = 9 - 5 = 4$

तथा y का गुणांक $= x_2 - x_1$

$= 18 - 10$

$= 8$

$\therefore$ समीकरण का बायाँ पक्ष निम्न है

$$(y_2 - y_1)x - (x_2 - x_1)y = 4x - 8y$$

तथा दायाँ भाग $= 4x_1 - 8y_1$

$= 4 \times 10 - 8 \times 5$

$= 0$

अतः सरल रेखा का समीकरण निम्न है

$$4x - 8y = 0$$

या $x - 2y = 0$

सरल रेखायुग्म (Pair of Straight Lines)

यह ज्ञात करने के लिए कि दी गई समीकरण $ax^2 + 2hxy + by^2 + 2gx + 2fy + c = 0$ एक सरल रेखायुग्म निरूपित करता है, हम वैदिक सूत्रों "उर्ध्व तिर्यग्भ्याम्" तथा "लोपनास्थापनाभ्याम्" का प्रयोग करते हैं जिनका अर्थ क्रमश: "उर्ध्व तिर्यक" तथा "एकान्तर विलोपन" क्रमशः है।

इस प्रक्रिया का वर्णन निम्न उदाहरण में है

उदाहरण 2. *दर्शाइए कि समीकरण*

$$12x^2 + 7xy - 10y^2 + 13x + 45y - 35 = 0$$

एक सरल रेखायुग्म निरूपित करता है।

हल "उर्ध्व तिर्यग्भ्याम्" व "लोपनास्थापनाभ्याम्" का प्रयोग करके हम कह सकते हैं कि

$$12x^2 + 7xy - 10y^2 = (3x - 2y)(4x + 5y)$$

तथा 7 व –5 दो निरपेक्ष मान हैं।

इस प्रकार रेखाओं के समीकरण निम्न हैं

$$3x - 2y + 7 = 0 \text{ व } 4x + 5y - 5 = 0$$

अतिपरवलय की अन्नत स्पर्शियों व संयुग्मी अतिपरवलय के समीकरण (Equations of Asymptotes and Conjugate Hyperbola)

एक अतिपरवलय के अन्नत स्पर्शियों व संयुग्मी अतिपरवलय का समीकरण ज्ञात करने के लिए "परावर्त्य योजयेत्, लोपनास्थापनाभ्याम् व "आद्यमाद्ये नान्त्यमन्त्येन" का प्रयोग करते हैं।

इस प्रक्रिया का वर्णन निम्न उदाहरण में किया गया है

उदाहरण 3. *अतिपरवलय*

$$8x^2 + 10xy - 3y^2 - 2x + 4y - 2 = 0$$

के अन्नत स्पर्शियों व संयुग्मी अतिपरवलय का समीकरण ज्ञात कीजिए।

हल वैदिक सूत्रों की सहायता से दी गई समीकरण को निम्न प्रकार लिखा जा सकता है

$$(2x + 3y)(4x - y) - 2x + 4y - 2 = 0$$

$$\therefore \quad (4x - y + 1)(2x + 3y - 1) = 8x^2 + 10xy - 3y^2 - 2x + 4y - 1$$

अत: अन्नत स्पर्शी का समीकरण निम्न है

$$8x^2 + 10xy - 3y^2 - 2x + 4y - 1 = 0$$

तथा संयुग्मी अतिपरवलय का समीकरण निम्न है

$$8x^2 + 10xy - 3y^2 - 2x + 4y = 0$$

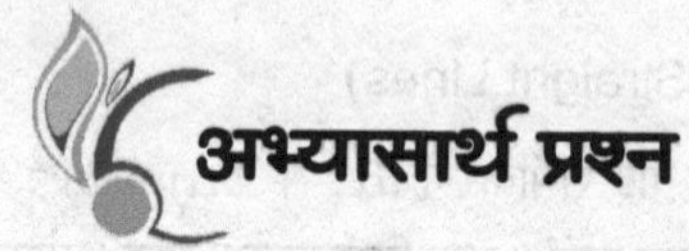

अभ्यासार्थ प्रश्न

1. निम्न बिन्दुओं से होकर जाने वाली सरल रेखा का समीकरण ज्ञात कीजिए।
   (i) (4, 7) व (3, 5) (ii) (17, 9) व (13, – 8)
2. दर्शाइए कि दी गई निम्न समीकरणें सरल रेखायुग्म को निरूपित करती है।
   (i) $2x^2 + 7xy + 3y^2 + 8x + y + 8 = 0$
   (ii) $3x^2 + 10xy + 3y^2 - 15x - 21y + 18 = 0$
3. निम्न अतिपरवलयों की अन्नत स्पर्शियों एवं संयुग्मी अतिपरवलय का समीकरण ज्ञात कीजिए।
   (i) $y^2 - xy - 2x^2 - 5y + x - 6 = 0$
   (ii) $55x^2 - 120xy + 20y^2 + 64x - 48y = 0$

उत्तरमाला

1. (i) $2x - y = 1$
   (ii) $17x - 4y = 253$
3. (i) $y^2 - xy - 2x^2 + x - 5y + 6 = 0$
   तथा $y^2 - xy - 2x^2 + x - 5y + 18 = 0$
   (ii) $55x^2 - 120xy + 20y^2 + 64x - 48y + 16 = 0$
   तथा $55x^2 - 120xy + 20y^2 + 64x - 48y + 32 = 0$

संकेत एवं हल

संकेत एवं हल

1 : योग

अभ्यास 2

1.
$$\begin{array}{r} \dot{3}\,\dot{5}\,\dot{9}\,6 \\ 2\,1\,2\,3 \\ +5\,4\,7\,2 \\ \hline 1\,1\,1\,9\,1 \end{array}$$

2.
$$\begin{array}{r} \dot{5}\,8\,\dot{3}\,2\,1 \\ +6\,9\,3\,8\,6 \\ \hline 1\,2\,7\,7\,0\,7 \end{array}$$

$$\begin{array}{r} 1\,2\,7\,7\,0\,7 \\ -\dot{0}\,3\,7\,0\,\dot{9}\,8 \\ \hline 9\,0\,6\,0\,9 \end{array}$$

3.
$$\begin{array}{r} \dot{1}\,8\,\dot{3}\,4 \\ +2\,4\,5\,8 \\ \hline 4\,2\,9\,2 \end{array}$$

4.
$$\begin{array}{r} \dot{1}\,5\,\dot{3}\,\dot{6}\,8 \\ +\,8\,1\,5\,3 \\ \hline 2\,3\,5\,2\,1 \end{array}$$

5.
$$\begin{array}{r} \dot{3}\,\dot{4}\,1\,2 \\ 4\,3\,6\,7 \\ +5\,5\,9\,0 \\ \hline 1\,3\,3\,6\,9 \end{array}$$

6.
$$\begin{array}{r} \dot{5}\,\dot{5}\,\dot{5}\,5 \\ 5\,5\,5 \\ +\quad 5\,5 \\ \hline 6\,1\,6\,5 \end{array}$$

7.
$$\begin{array}{r} \dot{7}\,\dot{4}\,\dot{1}\,4 \\ \dot{3}\,\dot{6}\,\dot{9}\,8 \\ 1\,2\,5\,7 \\ +1\,8\,6\,9 \\ \hline 1\,4\,2\,3\,8 \end{array}$$

8.
$$\begin{array}{r} \dot{8}\,\dot{4}\,\dot{8}\,4 \\ 4\,\dot{2}\,\dot{4}\,8 \\ 2\,1\,1\,2 \\ 1\,0\,7\,4 \\ +\,5\,1\,3 \\ \hline 1\,6\,4\,3\,1 \end{array}$$

9.

बहुपद	चरों के गुणांक
$x^3 + x + 1$	1 0 1 1
$6x^2 + 5$	+ 0 6 0 5
	1 6 1 6

$\therefore$ परिणामी बहुपद $x^3 + 6x^2 + x + 6$ है।

10.

बहुपद	चरों के गुणांक
$x + 3$	0 0 1 3
$x^3 + 9x^2 + 11x + 7$	+1 9 11 7
	1 9 (12) (10)

$\therefore$ परिणामी बहुपद $x^3 + 9x^2 + 12x + 10$ है।

2 : व्यकलन (घटाव)

अभ्यास 2

1.
$$\begin{array}{r} 5\,4\,3 \\ +1\,1\,1 \\ \hline 6\,5\,4 \end{array}$$

$$\begin{array}{r} 6\,1\,5\,8 \\ -\,\dot{0}\,6\,5\,4 \\ \hline 5\,5\,0\,4 \end{array}$$

2.
$$\begin{array}{r} \dot{9}\,9\,5 \\ +\ \ 8\,4 \\ \hline 1\,0\,7\,9 \\ \hline \end{array} \qquad \begin{array}{r} 1\,0\,7\,9 \\ -\,\dot{0}\,6\,1\,8 \\ \hline 0\,4\,6\,1 \\ \hline \end{array}$$

3.
$$\begin{array}{r} 8\,\dot{1}\,\dot{5}\,3 \\ 1\,\dot{4}\,9\,2 \\ +\,6\,1\,7\,5 \\ \hline 1\,5\,8\,2\,0 \\ \hline \end{array}$$

$\because$ $8153 + 1492 = x - 6175$

$\Rightarrow$ $x = 8153 + 1492 + 6175 = 15820$

4.
$$\begin{array}{r} 4\,5\,\dot{0}\,\dot{9}\,9 \\ +\,1\,0\,0\,3\,6 \\ \hline 5\,5\,1\,3\,5 \\ \hline \end{array} \qquad \begin{array}{r} 9\,8\,6\,7\,8 \\ -\,5\,5\,1\,3\,5 \\ \hline 4\,3\,5\,4\,3 \\ \hline \end{array}$$

5.
$$\begin{array}{r} \dot{6}\,8\,\dot{1}\,5 \\ +\,1\,3\,5\,9 \\ \hline 8\,1\,7\,4 \\ \hline \end{array} \qquad \begin{array}{r} 1\,0\,3\,5\,4 \\ -\,\dot{0}\,8\,\dot{1}\,7\,4 \\ \hline 0\,2\,1\,8\,0 \\ \hline \end{array}$$

6.
$$\begin{array}{r} \dot{5}\,8\,\dot{3}\,2\,1 \\ +\,6\,9\,3\,8\,6 \\ \hline 1\,2\,7\,7\,0\,7 \\ \hline \end{array} \qquad \begin{array}{r} 1\,2\,7\,7\,0\,7 \\ -\,\dot{0}\,3\,7\,\dot{0}\,\dot{9}\,8 \\ \hline 9\,0\,6\,0\,9 \\ \hline \end{array}$$

$58321 + 69386 = x + 37098$

$\Rightarrow$ $127707 = x + 37098$

$\Rightarrow$ $x = 127707 - 37098 = 90609$

7.
$$\begin{array}{r} 9\,8\,7\,9 \\ -\,1\,3\,5\,8 \\ \hline 8\,5\,2\,1 \\ \hline \end{array}$$

$9879 - x = 1358$

$\Rightarrow$ $x = 9879 - 1358 = 8521$

8. $-31 - 35 - 37 + 18 + 17 = -31 - 35 - 37 + 35 = -31 - 37 = -68$

9.
$$\begin{array}{r} \dot{5}\,\dot{9}\,\dot{8}\,2 \\ 1\,3\,4\,5 \\ +\ 7\,3\,6 \\ \hline 8\,0\,6\,3 \\ \hline \end{array} \qquad \begin{array}{r} \dot{4}\,\dot{5}\,\dot{8}\,8 \\ +\ 9\,9\,2 \\ \hline 5\,5\,8\,0 \\ \hline \end{array} \qquad \begin{array}{r} 8\,0\,6\,3 \\ -\,\dot{5}\,\dot{5}\,8\,0 \\ \hline 2\,4\,8\,3 \\ \hline \end{array}$$

$5982 + 1345 + 736 - x = 4588 + 992$

$\Rightarrow$ $8063 - x = 5580$

$\Rightarrow$ $x = 8063 - 5580 = 2483$

10.
```
 ••• 
 8888
  848
+  88
-----
 9824
```
```
 • •
 7337
+ 737
-----
 8074
```
```
 9824
   •
-8074
-----
 1750
```

$$8888 + 848 + 88 - x = 7337 + 737$$

$$\Rightarrow \quad 9824 - x = 8074$$

$$\Rightarrow \quad x = 9824 - 8074 = 1750$$

3 : गुणन

अभ्यास 2

1. हम जानते हैं कि

$$\frac{\begin{matrix} a\,b\,c \\ \times d\,e\,f \end{matrix}}{(a\times d)/(a\times e+b\times d)/(a\times f+b\times e+c\times d)/(b\times f+c\times e)/(c\times f)}$$

$\therefore$ 4 9 5 × 0 3 8
a b c d e f
$= 0/4\times3+0/(4\times8+9\times3+0)/(9\times8+5\times3)/(5\times8)$
$= 12/59/87/40 = 12/59/91/0$
$= 12/68/10 = 18810$

$\therefore$ $495\times038-1885 = 18810-1885 = 16925$

```
  1 8 8 1 0
    • • •
−   1 8 8 5
-----------
  1 6 9 2 5
```

2. $180\times18\times8 = 1\,8\,0\times1\,4\,4$
a b c d e f
$= (1\times1)/(1\times4+8\times1)/(1\times4+8\times4+0)/(8\times4+0)/0$
$= 1/12/36/32/0 = 1/12/39/20$
$= 1/15/920 = 25920$

अब, $180\times18\times8-8888 = 25920-8888 = 17032$

```
  2 5 9 2 0
    •   • • •
−   0 8 8 8 8
-----------
  1 7 0 3 2
```

3. 5 5 5 × 0 6 1
a b c d e f
$= 0/(5\times6+0)/(5\times1+5\times6+0)/(5\times1+5\times6)/(5\times1)$
$= 30/35/35/5$
$= 30/38/55 = 33855$

$\therefore$ $555\times61 = 33855-25000 = 8855$

```
  3 3 8 5 5
  •
  2 5 0 0 0
-----------
  0 8 8 5 5
```

4. 3 3 8 × 0 9 7 $= 0/27/48/93/56$
a b c d e f
$= 27/48/98/6$
$= 27/57/86 = 32786$

$\therefore$ $338\times97-1835 = 32786-1835 = 30951$

```
  3 2 7 8 6
    •
    1 8 3 5
-----------
  3 0 9 5 1
```

5. 1 5 0 × 0 1 2 = $0/1/7/10/0$
a b c d e f
$= 1800$

$\therefore$ $15+150\times12 = 15+1800 = 1815$

6. $120 \times (2+12) = 120 \times 14$

$= 1\,2\,0 \times 0\,1\,4$

a b c   d e f

$= 0/1/6/8/0 = 1680$

7. $(15+15) \times 20 = 30 \times 20 = 600$

8.
$$\begin{array}{ll} 995 & 005 \\ \underline{997} & \underline{003} \\ \underline{992} & \underline{015} \end{array}$$

$\therefore \quad 995 \times 997 = 992015$

6 : वर्ग तथा वर्गमूल

अभ्यास 2

1. निकटतम आधार 70 है जो 10 का 7 गुना है।

$\therefore$ संख्या का अधिकाय $= 71 - 70 = 1$

परिणामी का बायाँ खण्ड $= 7 \times (71+1) = 7 \times 72 = 504$

तथा परिणामी का दायाँ खण्ड $= 1^2 = 1$

इस प्रकार $(71)^2 = 5041$

2. $(2.5)^2 = \left(\frac{25}{10}\right)^2 = \frac{2 \times (2+1)/25}{100} = \frac{625}{100} = 6.25$

3. $(16)^2 + (16)^2 = 2 \times (16)^2$

$= 2 \times (16 + 6/36) = 2 \times 22/36$

$= 2 \times 256 = 512$

4. $9408 \div \sqrt{x} = 336$

$\Rightarrow \quad \sqrt{x} = \frac{9408}{336}$

$\Rightarrow \quad x = \left(\frac{9408}{336}\right)^2 = (28)^2 = 3(28-2)/(02)^2$

$= 3 \times 26/04 = 784$

5. $1254 + 1147 = x^2$

$\Rightarrow \quad x^2 = 2401$

$\Rightarrow \quad x = \sqrt{2401} = \sqrt{7 \times 7 \times 7 \times 7} = 7 \times 7 = 49$

6. $\sqrt{x} + 25 = \sqrt{5329}$

$\Rightarrow \quad \sqrt{x} + 25 = 73$

$\Rightarrow \quad \sqrt{x} = 73 - 25 = 48$

$\Rightarrow \quad x = (48)^2 = 5(48-2)/(2)^2$

$= 5 \times 46/4 = 2304$

7. ∵ 3333 के निकटतम पूर्ण वर्ग संख्या 3364 है।

∴ अभीष्ट संख्या = 3364 − 3333 = 31

8. $$\sqrt{x} - 18 = \sqrt{1444}$$

$$\Rightarrow \quad \sqrt{x} = 38 + 18 = 56$$

$$\Rightarrow \quad x = (56)^2 = 6(56-4)/16 = 312/16 = 3136$$

9. $$79296 \div \sqrt{x} = 112 \times 12$$

$$\Rightarrow \quad \sqrt{x} = \frac{79296}{112 \times 12}$$

$$\Rightarrow \quad x = (59)^2 = 6(59-1)/01 = 348/1 = 3481$$

10. माना संख्या x है, तब

$$(51)^2 + x^2 = 15826$$

$$\Rightarrow \quad x^2 = 15826 - (51)^2$$

$$= 15826 - 5(51+1)/1$$

$$= 15826 - 2601 = 13225$$

$$\Rightarrow \quad x = \sqrt{13225} = 115$$

11. $$48096 \div \sqrt{x} = 167 \times 9$$

$$\Rightarrow \quad \sqrt{x} = \frac{48096}{167 \times 9} = 32$$

$$\Rightarrow \quad x = (32)^2 = 3(32+2)/4 = 1024$$

12. $$\sqrt{x} + 28 = \sqrt{1681}$$

$$\Rightarrow \quad \sqrt{x} + 28 = 41$$

$$\Rightarrow \quad \sqrt{x} = 41 - 28 = 13$$

$$\Rightarrow \quad x = (13)^2 = 169$$

13. ∴ 8200 के निकटतम पूर्ण वर्ग संख्या 8281 है।

∴ अभीष्ट संख्या = 8281 − 8200 = 81

14. माना संख्या x है, तब

$$\therefore \quad (49)^2 + x^2 = 9125$$

$$\Rightarrow \quad x^2 = 9125 - (49)^2$$

$$= 9125 - 5(49-1)/1$$

$$= 9125 - 2401 = 6724$$

$$\Rightarrow \quad x = \sqrt{6724} = 82$$

15. $$(64)^2 \div 8^2 = x^2$$

$$\Rightarrow \quad x^2 = \frac{64 \times 64}{8 \times 8} = 64$$

$$\Rightarrow \quad x = \sqrt{64} = 8$$

16. $((13)^4)^{1/2} = (13)^2 = 169$

17. $\sqrt{2704} = \sqrt{13 \times 13 \times 2 \times 2 \times 2 \times 2}$

$= 13 \times 4 = 52$

18. $\dfrac{\sqrt{4096} \times 56}{764 - 652} = \dfrac{64 \times 56}{112} = \dfrac{3584}{112} = 32$

19. $\because (94)^2 = (94 - 6) / 36 = 88 / 36 = 8836$

$(145)^2 = 14 \times 15/25 = 21025$

तथा $(56)^2 = 5(56 + 6)/36$

$= 310/36 = 3136$

$\therefore \quad (94)^2 + x^2 = (145)^2 - (56)^2 - 3869$

$x^2 = 21025 - 3136 - 3869 - 8836$

$= 21025 - 15841$

$= 5784$

$\Rightarrow \quad x = \sqrt{5784}$

$= 72$

$$\begin{array}{r} \dot{3}\,\dot{1}\,\dot{3}\,6 \\ 3\,8\,\dot{6}\,9 \\ +\ 8\,8\,3\,6 \\ \hline 1\,5\,8\,4\,1 \\ \hline \end{array}$$

20. $\because \dfrac{2432}{x} = \sqrt{23104}$

$\Rightarrow \quad x = \dfrac{2432}{152} = 16$

21. $\because \quad (123)^2 = (123 + 23) / 529 = 146 / 529 = 15129$

$(246)^2 = 4(123)^2 = 4 \times 15129 = 60516$

तथा $(99)^2 = (99 - 1) / 01 = 9801$

$\therefore \quad x^2 + (123)^2 = (246)^2 - (99)^2 - 2462$

$\Rightarrow \quad x^2 = 60516 - 9801 - 15129 - 2462 = 33124$

$\Rightarrow \quad x = \sqrt{33124} = 182$

22. $[(84)^2 \div 28 \times 12] \div 24 = 7 \times x$

$\Rightarrow \quad x = \dfrac{84 \times 84 \times 12}{7 \times 28 \times 24} = 18$

23. $\sqrt{x} = (88 \times 42) \div 16 = \dfrac{88 \times 42}{16} = 231$

$\Rightarrow \quad x = (231)^2 = 53361$

24. $\sqrt{\sqrt{2500} + \sqrt{961}} = x^2$

$\Rightarrow \quad \sqrt{50 + 31} = x^2$

$\Rightarrow \quad 9 = x^2 \quad \Rightarrow \quad x = 3$

25. $\sqrt{915849} + \sqrt{795664} = x^2$

$\Rightarrow \quad 957 + 892 = x^2$

$\Rightarrow \quad 1849 = x^2$

$\Rightarrow \quad x = \sqrt{1849} = 43$

26. $\sqrt{117649} = 343$

27. $\sqrt{248 + \sqrt{52 + \sqrt{144}}} = \sqrt{248 + \sqrt{52 + 12}}$

$= \sqrt{248 + 8}$

$= \sqrt{256}$

$= 16$

28. $(?)^2 = 28 \times 112$

$= 7 \times 2 \times 2 \times 2 \times 2 \times 7 \times 2 \times 2$

$\Rightarrow \quad ? = 7 \times 2 \times 2 \times 2 = 56$

29. $\because \; x = 15$ and $y = 20$

$\therefore \quad \sqrt{x^2 + y^2} = \sqrt{15^2 + 20^2}$

$= \sqrt{225 + 400}$

$= \sqrt{625} = 25$

30. माना कक्षा में छात्रों की संख्या $= x$

$\therefore \quad x^2 = 576$

$\Rightarrow \quad x = \sqrt{576} = 24$

7 : घन तथा घनमूल

अभ्यास 2

1. $\because \quad (13)^3 = 3 \times 2 + 13 / 9 \times 3 / 3^3$

$= 19 / 27 / 27 = 19 / 29 / 7$

$= 2197$

तथा $\quad (13)^2 = (13 + 3) / 9 = 169$

$\therefore \quad (13)^3 - (13)^2 = 2197 - 169 = 2028$

2. $\because \quad 9^3 = -1 \times 2 + 9 / (-3) \times (-1) / (-1)^3$

$= 7 / 3 / -1$

$7 / 2 / (10 - 1) = 729$

$$\therefore \quad 1152 \div 36 + 9^3 = \frac{1152}{36} + 729$$
$$= 32 + 729 = 761$$

3. माना संख्या x है।

$$\therefore \quad (14)^3 + x^2 = 4425$$

परन्तु $$(14)^3 = 4 \times 2 + 14 / (-2) \times 4 / 64$$
$$= 22 / (-8) / 64 = 2744$$
$$\Rightarrow \quad x^2 = 4425 - 2744 = 1481$$
$$\Rightarrow \quad x = \sqrt{1681} = 41$$

4. $\because \quad (45)^3 = 4^3 / 3 \times 4^2 \times 5 / 3 \times 4 \times 5^2 / 5^3$
$$= 64 / 240 / 300 / 125$$
$$= 64 / 240 / 312 / 5$$
$$= 64 / 271 / 25 = 9 / 125$$
$$(3320)^2 = 11022400$$
$$\therefore \quad (45)^3 \times (11)^2 - (3320)^2 = 91125 \times 121 - 11022400$$
$$= 11026125 - 11022400 = 3725$$

5. माना संख्या x है।

$$\therefore \quad x^2 - (20)^3 = 4321$$
$$\Rightarrow \quad x^2 = 4321 + 8000 = 12321$$
$$\Rightarrow \quad x = \sqrt{12321} = 111$$

6. $$(36)^3 = 3^3 / 3 \times 3^2 \times 6 / 3 \times 3 \times 6^2 / 6^3$$
$$= 27 / 162 / 324 / 216$$
$$= 27 / 162 / 345 / 6$$
$$= 27 / 196 / 56$$
$$= 46656$$
$$5^3 = 125$$

तथा $$(2400)^2 = (24)^2 \times 10000$$
$$= 5760000$$
$$\therefore \quad (36)^3 \times 5^3 - (2400)^2 = 46656 \times 125 - (2400)^2$$
$$= 5832000 - 5760000$$
$$= 72000$$

7. $$\sqrt[3]{13824} \times \sqrt{x} = 864$$
$$\Rightarrow \quad \sqrt{x} = \frac{864}{24} \quad \Rightarrow \quad x = (36)^2$$
$$= 1296$$

8. $\sqrt[3]{x} = \frac{756 \times 67}{804} = 63$

$\Rightarrow \quad x = (63)^3 = 6^3 / 3 \times 6^2 \times 3 / 3 \times 6 \times 3^2 / 3^3$

$= 216 / 324 / 162 / 27 = 250047$

9. $\sqrt[3]{4096} = \sqrt[3]{16 \times 16 \times 16} = 16$

10. $\sqrt[3]{1092727} = \sqrt[3]{103 \times 103 \times 103} = 103$

11. $\sqrt[3]{658503} = \sqrt[3]{87 \times 87 \times 87} = 87$

12. दिए गए विकल्पों में से विकल्प (b) 300 के लिए परिणामी 27000 पूर्ण घन है। अतः $A = 300$

13. $\because \quad 1497375 = 11 \times 3 \times 5 \times 11 \times 11 \times 5 \times 5 \times 3$

$\therefore$ स्पष्ट है कि दी गई संख्या में 3 से गुणा करने पर परिणामी पूर्ण घन होगा।

14. $\because \quad 1440 = 4 \times 4 \times 3 \times 3 \times 2 \times 5$

$\therefore$ 1440 में $2 \times 3 \times 25$ अर्थात् 150 से गुणा करने पर गुणनफल पूर्ण घन होगा।

अतः अभीष्ट योग $= 1 + 5 + 0 = 6$

15. $\frac{\sqrt[3]{8}}{\sqrt{16}} \div \sqrt{\frac{100}{49}} \times \sqrt[3]{125} = \frac{2}{4} \times \frac{7}{10} \times 5 = \frac{7}{4} = 1\frac{3}{4}$

8 : दशमलव

अभ्यास 2

1. $16 \times 36 \div 15 + 11 = \{1 \times 3 / (1 \times 6 + 6 \times 3) / 6 \times 6\} \div 15 + 11$

$= \{3 / 24 / 36\} \div 15 + 11 = 576 \div 15 + 11 = 38.4 + 11 = 49.4$

2. $38.7 \times 14.5 \times 6.4 = 38.7 \times 92.8$ $\quad (\because 145 \times 064 = 928)$

$= 3591.36$

3. $6.8 \times 8.8 \times 11.9 - 202.596 = 59.84 \times 11.9 - 202.596 = 712.096 - 202.596 = 509.5$

4.
$$\begin{array}{r} \dot{5}\dot{5}\dot{5}.\dot{6}5 \\ 65.65 \\ 56.65 \\ \hline 678.95 \end{array}$$

इस प्रकार, $556.65 + 65.65 + 56.65 = 678.95$

5. $16.4 \times x = 590.4 \Rightarrow x = \frac{5904}{164} = 36$

6. $\because$
$$\begin{array}{r} 1276.34 \\ +\ 217.84 \\ \hline 1494.18 \\ -\ \dot{0}783.11 \\ \hline 0711.07 \end{array}$$

$\therefore \quad 1276.34 - 783.11 + 217.84 = 711.07$

7. $\because 9.3 \times x = 523.59 \quad \Rightarrow \quad x = \dfrac{523.59}{9.3} = 56.3$

8.
$$\begin{array}{r} 4\dot{3}.\dot{3}\dot{4} \\ 44.33 \\ +\ \dot{3}43.43 \\ \hline 431.10 \end{array}$$

9. $68.8 \times 14.7 \times 7.1 = 68.8 \times 104.37 = 7180.656$

10. $3.7 \times 8.2 \times 10.8 - 29.921 = 327.672 - 29.921 = 297.751$

11. $2.5 \times 1.5 = (2 + 0.5)(2 - 0.5) = 4 - (0.5)^2 = 4 - 0.25 = 3.75$

12. $\dfrac{15.75}{2.25} = 0.7 \times x \quad \Rightarrow \quad x = \dfrac{7}{0.7} = 10$

13. $3.5 + 11.25 \times 4.5 - 32.5 = 3.5 + 50.625 - 32.5 = 54.125 - 32.5 = 21.625$

14. $\because$
$$\begin{array}{r} 9.214 \\ 3.452 \\ +\ 2.191 \\ \hline 14.857 \end{array}$$

तथा
$$\begin{array}{r} 15.593 \\ -\ 1\dot{4}.85\dot{7} \\ \hline 00.736 \end{array}$$

$\therefore 15.593 - 9.214 - 3.452 - 2.191 = 0.736$

15.
$$\begin{array}{r} \dot{6}\dot{6}\dot{6}.\dot{6}6 \\ 0\dot{6}\dot{6}.\dot{6}6 \\ 006.66 \\ 006.00 \\ +000.66 \\ \hline 746.64 \end{array}$$

$\therefore \quad 666.66 + 66.66 + 6.66 + 6 + 0.66 = 746.64$

16.
$$\begin{array}{r} 0.30 \\ 3.00 \\ 3.33 \\ 3.30 \\ 3.03 \\ +\ \dot{3}33.00 \\ \hline 345.96 \end{array}$$

17. $(34.12)^2 - \sqrt{7396} = 1164.1744 - 86 = 1078.1744$

18. $(21.35)^2 + (12.25)^2 = 455.8225 + 150.0625 = 605.885$

19.

$$\begin{array}{r} \dot{3}\dot{3}\dot{4}.41 \\ 47.26 \\ 1.25 \\ 5.00 \\ 0.66 \\ \hline 388.58 \\ \hline \end{array}$$

$\therefore \quad 334.41 + 47.26 + 1.25 + 5 + 0.66 = 388.58$

20. $\sqrt[3]{\sqrt{0.000064}} = \sqrt[3]{0.008} = 0.2$

9 : गुणनखण्डन

अभ्यास 2

1. $\because \quad 4 : 6 = 2 : 3$

तथा $\quad 6 : 9 = 2 : 3$

$\therefore$ पहला गुणनखण्ड $(2x - 3)$ है।

तथा दूसरा गुणनखण्ड $= \dfrac{4}{2}x + \dfrac{9}{3} = (2x - 3)$

$\therefore \quad 4x^2 - 12x + 9 = (2x - 3)(2x - 3)$

2. $\because \quad 6 : 9 = 2 : 3$

$\quad 8 : 12 = 2 : 3$

$\therefore$ पहला गुणनखण्ड $(2x + 3)$ है तथा

दूसरा गुणनखण्ड $\left(\dfrac{6x}{2} - \dfrac{12}{3}\right)$ अर्थात् $(3x - 4)$ है।

$\therefore \quad 6x^2 + x - 12 = (2x + 3)(3x - 4)$

3. $\because \quad 4 : 25 = 1 : \dfrac{25}{4}$

तथा $\quad 16 : 100 = 1 : \dfrac{25}{4}$

$\therefore$ पहला गुणनखण्ड $\left(x - \dfrac{25}{4}\right)$ है।

तथा दूसरा गुणनखण्ड $\left(\dfrac{4x}{1} + \dfrac{400}{25}\right)$ अर्थात् $(4x + 16)$ है।

$\therefore \quad 4x^2 - 9x - 100 = \left(x - \dfrac{25}{4}\right)(4x - 16)$

$= (4x - 25)(x - 4)$

4. $x^2 - x + 2 = \left(x - \frac{1+\sqrt{-7}}{2}\right)\left(x + \frac{1-\sqrt{-7}}{2}\right)$

5. $\because$ $1:11 = 1:11$

तथा $7:77 = 1:11$

$\therefore$ पहला गुणनखण्ड $(x - 11)$ है तथा

दूसरा गुणनखण्ड $\left(\frac{1}{1}x - \frac{77}{11}\right)$ अर्थात् $(x - 7)$ है।

अत: $x^2 - 184 + 77 = (x - 11)(x - 7)$

6. $15:21 = 5:7$

तथा $20:28 = 5:7$

$\therefore$ पहला गुणनखण्ड $(5x + 7y)$ है तथा

दूसरा गुणनखण्ड $\left(\frac{15}{5}x - \frac{28}{7}y\right)$ अर्थात् $(3x - 4y)$ है।

$\therefore$ $15x^2 - xy - 28y^2 = (5x + 7y)(3x - 4y)$

7. $\because$ $4:12 = 1:3$

तथा $1:3 = 1:3$

$\therefore$ पहला गुणनखण्ड $(y - 3x)$ है तथा

दूसरा गुणनखण्ड $\left(\frac{4}{1}y - \frac{3}{3}x\right)$ अर्थात् $(4y - x)$ है।

$\therefore$ $4y^2 - 11y - 3x^2 = (y - 3x)(4y - x)$

8. जाँच से स्पष्ट है कि दिए गए बहुपद का एक गुणनखण्ड $(a + 2)$ है तथा द्विघात बहुपद के प्रथम व अन्तिम पद 1 व 4 है, तब मध्य पद का गुणांक

$$= \frac{1 + 1 + 2 + 8}{1 + 2} - (1 + 4)$$

$$= \frac{12}{3} - 5 = -1$$

$\therefore$ $a^3 + a^2 + 2a + 8 = (a + 2)(a^2 - a + 4)$

9. $\because$ जाँच से स्पष्ट है कि दिए गए व्यंजक का गुणनखण्ड $(x + 1)$ है।

तथा द्विघात बहुपद में प्रथम व अन्तिम पद 2 व 21 है।

$\therefore$ मध्य पद का गुणांक $= \frac{2 + 19 + 38 + 21}{1 + 1} - (2 + 21) = 40 - 23 = 17$

$\therefore$ $2x^3 + 19x^2 + 38x + 21 = (x + 1)(2x^2 + 17x + 21)$

$= (x + 1)(2x + 3)(x + 7)$

10. माना $x^2 + 2x = t$

$\therefore$ $t^2 - 3t - yt + 3y = t(t - 3) - y(t - 3)$

$= (t - 3)(t - y)$

$= (x^2 + 2x - 3)(x^2 + 2x - y)$

10 : महत्तम समापवर्तक

अभ्यास 2

1. माना, $P(x) = x^3 - 1$

तथा $Q(x) = x^4 + x^2 + 1$

$$P(x) + Q(x) = x^3 - 1 + x^4 + x^2 + 1 = x^4 + x^3 + x^2$$

$\therefore$ म०स० $= x^2\ (x^2 + x + 1)$

2. माना, $P(x) = 2x^4 + 243x = 4x^4 + 486x$

तथा $Q(x) = 24x^3 - 54x = 216x^3 - 486x$

$$P(x) + Q(x) = 4x^4 + 486x + 216x^3 - 486x = 4x^4 + 216x^3 = 4x^3\ (x + 54)$$

अभीष्ट म०स० $= x + 54$

3. माना, $P(x) = x^4 + 3x^2 - 4$

तथा $Q(x) = x^4 - 4x^2 + 3$

$\therefore$ $P(x) - Q(x) = x^4 + 3x^2 - 4 - x^4 + 4x^2 - 3 = 7x^2 - 7 = 7\ (x^2 - 1)$

$\therefore$ अभीष्ट म०स० $= x^2 - 1$

4. माना, $P(x) = 2\ (a^2 - b^{2)} = 6(a^3 - ab^2)$

तथा $Q(x) = 3\ (a^3 - b^3) = 6(a^3 - b^3)$

$\therefore$ $P(x) - Q(x) = 6b^3 - 6ab^2 = -\ 6b^2\ (a - b)$

$\therefore$ अभीष्ट म०स० $= a - b$

5. माना $P(x) = p^2 - p - 6 = (p - 6)\ (p + 1)$

तथा $Q(x) = p^2 - 3p - 18 = (p + 3)\ (p - 6)$

अभीष्ट म०स० $= (p - 6)$

11 : सरल समीकरणें

अभ्यास 2

1. $25x - 19 - 3 + 4x - 5 = 3x - 6x + 5$

$\Rightarrow$ $29x - 27 = -\ 3x + 5 \ \Rightarrow\ 32x = 32$

$\Rightarrow$ $x = 1$

2. $\dfrac{9x + 18 - 11x + 8 + 8x}{24} = \dfrac{18x + x + 7}{24}$

$\Rightarrow$ $6x + 26 = 19x + 7 \ \Rightarrow\ 13x = 19 \ \Rightarrow\ x = \dfrac{19}{13}$

3. $\because\ 7 \times 9 = 63 = 3 \times 21 \ \therefore\ x = 0$

4. $10 - 12x = 3x - 1$

$\Rightarrow$ $15x = 11 \ \Rightarrow\ x = \dfrac{11}{15}$

5. $x - 7 + x - 9 + x - 6 + x - 10 = 0$

$\Rightarrow \quad 4x - 32 = 0 \quad \Rightarrow \quad x = 8$

6. $2x - 1 + 3x - 1 = 0$

$\Rightarrow \quad 5x = 2 \quad \Rightarrow \quad x = \frac{2}{5}$

7. $\because \quad -6 \times 7 \neq 3 \times (-11)$

$\therefore \quad x = \frac{-33 + 42}{-6 + 7 - 3 + 11} = \frac{9}{9} = 1$

8. $x + 2 \neq x + 1 = 0$

$x = \frac{-3}{2}$

12 : द्विघात समीकरणें

अभ्यास 2

1. $\frac{d}{dx}(6x^2 + 11x + 3) = \sqrt{121 - 72}$

$\Rightarrow \quad 12x + 11 = \pm 7$

$\therefore \quad 12x - 11 + 7$ तथा $12x + 11 = -7$

$\Rightarrow \quad x = \frac{-4}{12} = \frac{1}{3}$ तथा $x = \frac{-4}{3}$

2. $\frac{d}{dx}(48x^2 - 13x - 1) = \sqrt{169 + 192}$

$\Rightarrow \quad 96x - 13 = \pm 19$

$\Rightarrow \quad 96x - 13 = 19, \; 96x - 13 = -19$

$\Rightarrow \quad x = \frac{1}{3}, x = -\frac{1}{16}$

3. $(x + 4) + \frac{1}{(x + 4)} = 9\frac{1}{9}$

$\Rightarrow \quad x + 4 = 9$ या $x + 4 = \frac{1}{9}$

$\Rightarrow \quad x = 5$ या $x = -\frac{35}{9}$

4. $\frac{x}{x + 4} + \frac{x + 4}{x} = 12\frac{1}{12}$

$\Rightarrow \quad \frac{x}{x + 4} = 12$ या $\frac{x}{x + 4} = \frac{1}{12}$

$\Rightarrow \quad x = 12x + 48$ या $12x = x + 4$

$\Rightarrow \quad x = \frac{-48}{11}$ या $x = \frac{4}{11}$

5. $\therefore \quad N_1 + N_2 = 19x + 7 + 6x - 39 = 25x - 32$

तथा $\quad D_1 + D_2 = 12x - 11 + 13x - 21 = 25x - 32$

$$\Rightarrow \quad N_1 + N_2 = 0$$

$$\Rightarrow \quad 25x - 32 = 0$$

$$\Rightarrow \quad x = \frac{32}{25} \quad \text{तथा} \quad N_1 - D_1 = 0$$

$$\Rightarrow \quad 19x + 7 - 12x + 11 = 0$$

$$\Rightarrow \quad x = -\frac{18}{7}$$

15 : युगपत समीकरणें

अभ्यास 2

1. यहाँ $a_1 = 1, b_1 = -1, c_1 = 3, a_2 = 3, b_2 = -2, c_2 = 10$

$$\therefore \quad x = \frac{(-1)(10) - (-2)(3)}{3 \times (-1) - 1 \times (-2)} = \frac{-10+6}{-3+2} = \frac{-4}{-1} = 4$$

तथा
$$y = \frac{3 \times 3 - 1 \times 10}{3 \times (-1) - 1 \times (-2)} = \frac{9-10}{-3+2} = \frac{-1}{-1} = 1$$

2. यहाँ, $a_1 = 2, b_1 = -5, c_1 = -8, a_2 = 1, b_2 = -4, c_2 = -7$

$$\therefore \quad x = \frac{(-5)(-7) - (-4)(-8)}{1 \times (-5) - 2 \times (-4)} = \frac{35-32}{-5+8} = \frac{3}{3} = 1 \quad \text{तथा} \quad y = \frac{2+8}{5} = 2$$

3. $\because \quad x + y = 1 \quad \ldots(i)$

तथा $\quad x - y = 3 \quad \ldots(ii)$

समी (i) व (ii) से,

$$x = 2, y = -1$$

4. $\because \quad x + y = 2 \quad \ldots(i)$

तथा $\quad x - y = 4 \quad \ldots(ii)$

समी (i) व (ii) से,

$$x = 3, y = -1$$

5. $\because 3 : 9 :: 17 : 51 :: 1 : 3$

$$\therefore \quad x = 0, y = \frac{51}{9} = \frac{17}{3}$$

17 : आंशिक भिन्नें

अभ्यास 2

1. माना
$$\frac{2x+3}{(x+1)(x-3)} = \frac{A}{x+1} + \frac{B}{x-3}$$

$$\therefore \quad A = \frac{2(-1)+3}{(-1-3)} = \frac{1}{-4}$$

तथा $$B = \frac{2 \times 3 + 3}{3 + 1} = \frac{9}{4}$$

अत: $$\frac{2x + 3}{(x + 1)(x - 3)} = \frac{9}{4(x - 3)} - \frac{1}{4(x + 1)}$$

2. माना $\frac{16}{(x - 2)(x + 2)^2} = \frac{A}{x - 2} + \frac{B}{x + 2} + \frac{C}{x + 2^2}$

$$\therefore \quad A = \frac{16}{(4)^2} = \frac{16}{16} = 1$$

$$C = \frac{16}{-2 - 2} = \frac{16}{-4} = -4$$

तथा $$B = \frac{d}{dx}\left(\frac{16}{x - 2}\right)_{x = -2 \text{ पर}} = \left[\frac{-16}{(x - 2)^2}\right]_{x = -2 \text{ पर}} = -1$$

$$\therefore \quad \frac{16}{(x - 2)(x + 2)^2} = \frac{1}{x - 2} - \frac{1}{x + 2} - \frac{4}{(x + 2)^2}$$

3. $\because \frac{x^3 - 2x^2 - 13x - 12}{x^2 - 3x - 10} = x + 1 - \frac{2}{x^2 - 3x - 10}$

अब $$\frac{2}{x^2 - 3x - 10} = \frac{A}{x - 5} + \frac{B}{x + 2}$$

$$\therefore \quad A = \frac{2}{5 + 2} = \frac{2}{7}$$

तथा $$B = \frac{2}{-5 - 2} = \frac{-2}{7}$$

$$\therefore \quad \frac{x^3 - 2x^2 - 13x - 12}{x^2 - 3x - 10} = (x + 1) - \frac{2}{7}\left(\frac{1}{x - 5}\right) + \frac{2}{7}\left(\frac{1}{x + 2}\right)$$

5. $\frac{x^2 + x + 1}{(x - 1)^4}$

माना $x - 1 = y \Rightarrow x = y + 1$

$$\therefore \quad \frac{x^2 + x + 1}{(x - 1)^4} = \frac{y^2 + 3y + 3}{y^4} = \frac{1}{y^2} + \frac{3}{y^3} + \frac{3}{y^4} = \frac{1}{(x - 1)^2} + \frac{3}{(x - 1)^3} + \frac{3}{(x - 1)^4}$$